那岐山《なぎさん》に連なる中国山脈の山々（さんぶたろうの屋敷やせっちん石などがある）

菩提寺《ぼだいじ》（さんぶたろうが参拝していて女〈蛇身〉と会い結ばれる）

蛇渕《じゃぶち》の滝（さんぶたろうの母が渕に入る）

男女山《おとめやま》（鏡野町《かがみのちょう》）（さんぶたろうがもっこで土を運び、緒が切れて二つの山になった）

那美池《なみいけ》（宮内《みやうち》）（さんぶたろうの足跡という）

跡岩《あといわ》（高円《こうえん》）（さんぶたろうが那岐山からあとむきに投げた）

いりこ石（蛇渕《じゃぶち》）（さんぶたろうの食べたいりこの中に入っていた石）

いりこ石（勝央町《しょうおうちょう》）（さんぶたろうのいりこの中に入っていた石）

重ね岩（美作《みまさか》市《し》湯郷《ゆのごう》）（さんぶたろうの弁当の中に入っていた石を重ねたとされる）

休 石《やすみいし》（美咲町《みさきちょう》）（さんぶたろうが腰掛けて休む）

三《み》穂《ほ》神社《じんじゃ》（こうべ様・関本《せきもと》）（さんぶたろうの頭を祀る）

杉神社《すぎじんじゃ》（荒関様《あらせきさま》・西原《にしばら》）（さんぶたろうの胴体を祀る）

河野神社《こうのじんじゃ》（にゃくいちさん、鳥取県智頭町《ちずちょう》三吉《みよし》）（さんぶたろうの腕を祀る）

右手大明神《うてだいみょうじん》（美作市《みまさかし》右手《うて》）（さんぶたろうの右手を祀る）

諾神社《なぎじんじゃ》（高円《こうえん》）（さんぶたろうの足を祀る）

日本原《にほんばら》（さんぶたろうの体が腐って黒土になった）昭和50年頃

史跡めぐりマップ　町内編

1　蛇渕の滝といりこ石
2　はちまき山
3　あと岩
4　こうべさま【三穂神社】
5　カマダ
6　こもりやま
7　あらせきさま【杉神社】
8　よりみつ
9　宮内神社【那美神社】
10　あしあとの池【那美池】
11　アトダ
12　峪谷の足あと
14　くろべえ【吉光九郎兵衛之碑】
15　ちんぼ石
18　飯茶碗の石【大神岩】
19　きんたま池
21　実兼古墳群
22　諾神社
23　豊田屋敷
24　那岐山のきんすり
26　じゃがたち・ちあらいのたに
27　飯茶碗の石と二個目の石
28　三穂太郎屋敷と雪隠石
29　はし【菩提寺のイチョウ】
30　蓮光寺
31　七曲
32　皆木保實

●現地確認できなかった史跡は記載していません。
●数字は「さんぶたろうの史跡をめぐる」の稿中のものに合わせています。

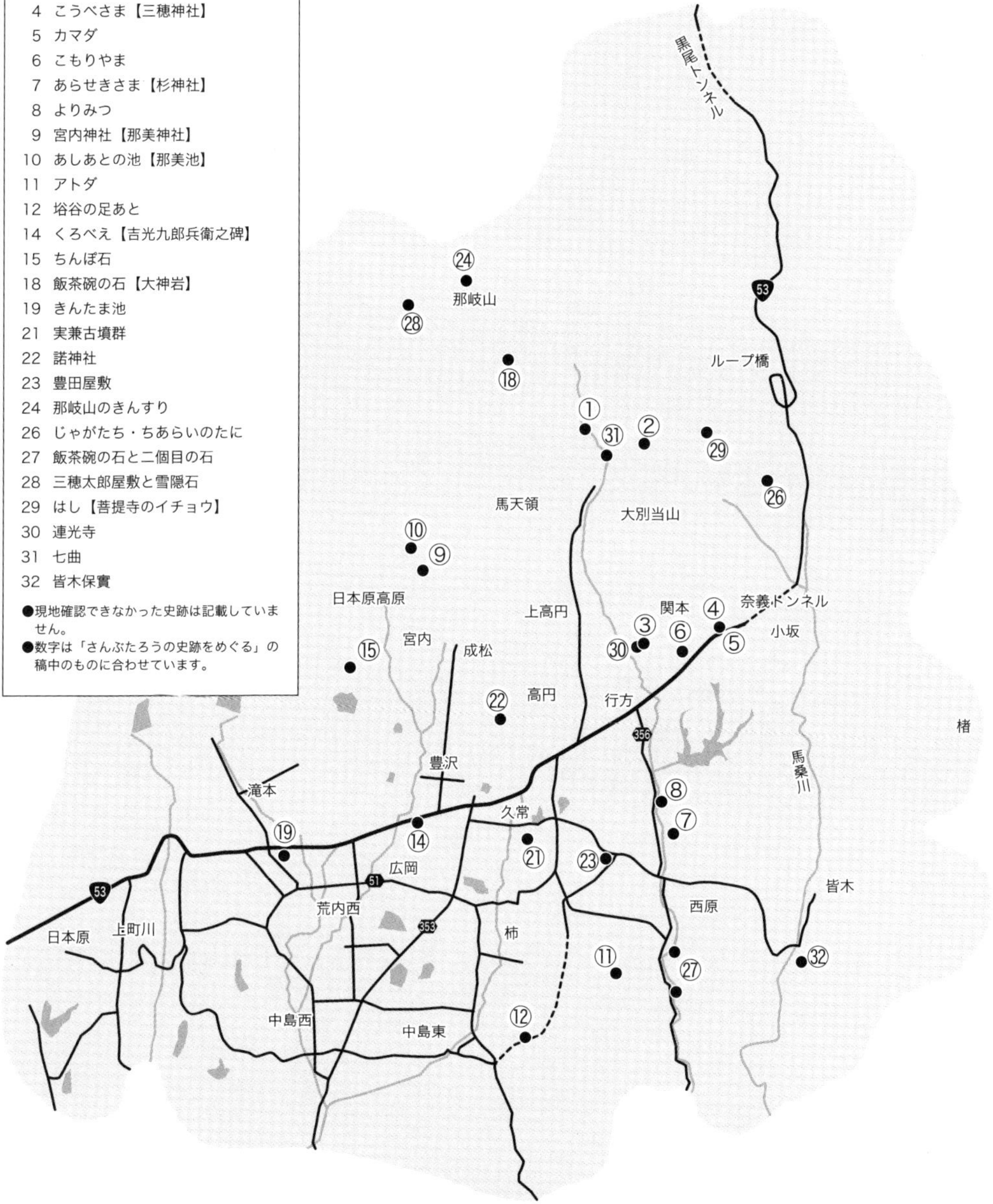

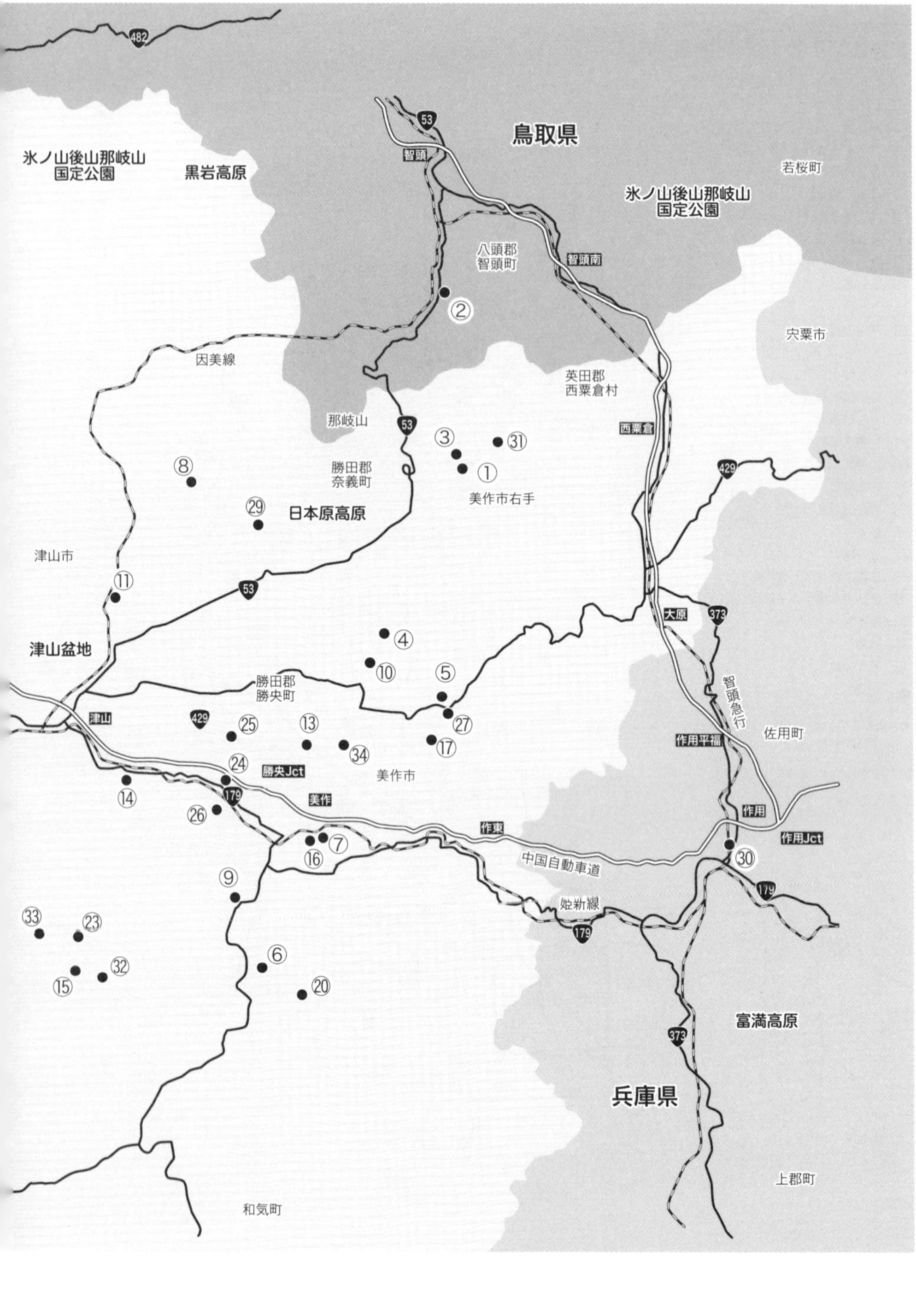
482
53
鳥取県
智頭
氷ノ山後山那岐山
国定公園
黒岩高原
若桜町
氷ノ山後山那岐山
国定公園
八頭郡
智頭町
智頭南
②
宍粟市
因美線
英田郡
西粟倉村
那岐山
53
西粟倉
③
㉛
①
⑧
勝田郡
奈義町
429
美作市右手
㉙
日本原高原
津山市
⑪
53
大原
373
④
津山盆地
⑩
⑤
勝田郡
勝央町
智頭急行
津山
429
㉕
⑬
㉗
佐用町
⑰
㉞
作用平福
㉔
勝央Jct
美作市
⑭
179
美作
作用
㉖
作東
作用Jct
⑦
⑯
㉚
中国自動車道
⑨
姫新線
179
㉝
㉓
179
⑥
㉜
⑮
⑳
373
富満高原
兵庫県
上郡町
和気町

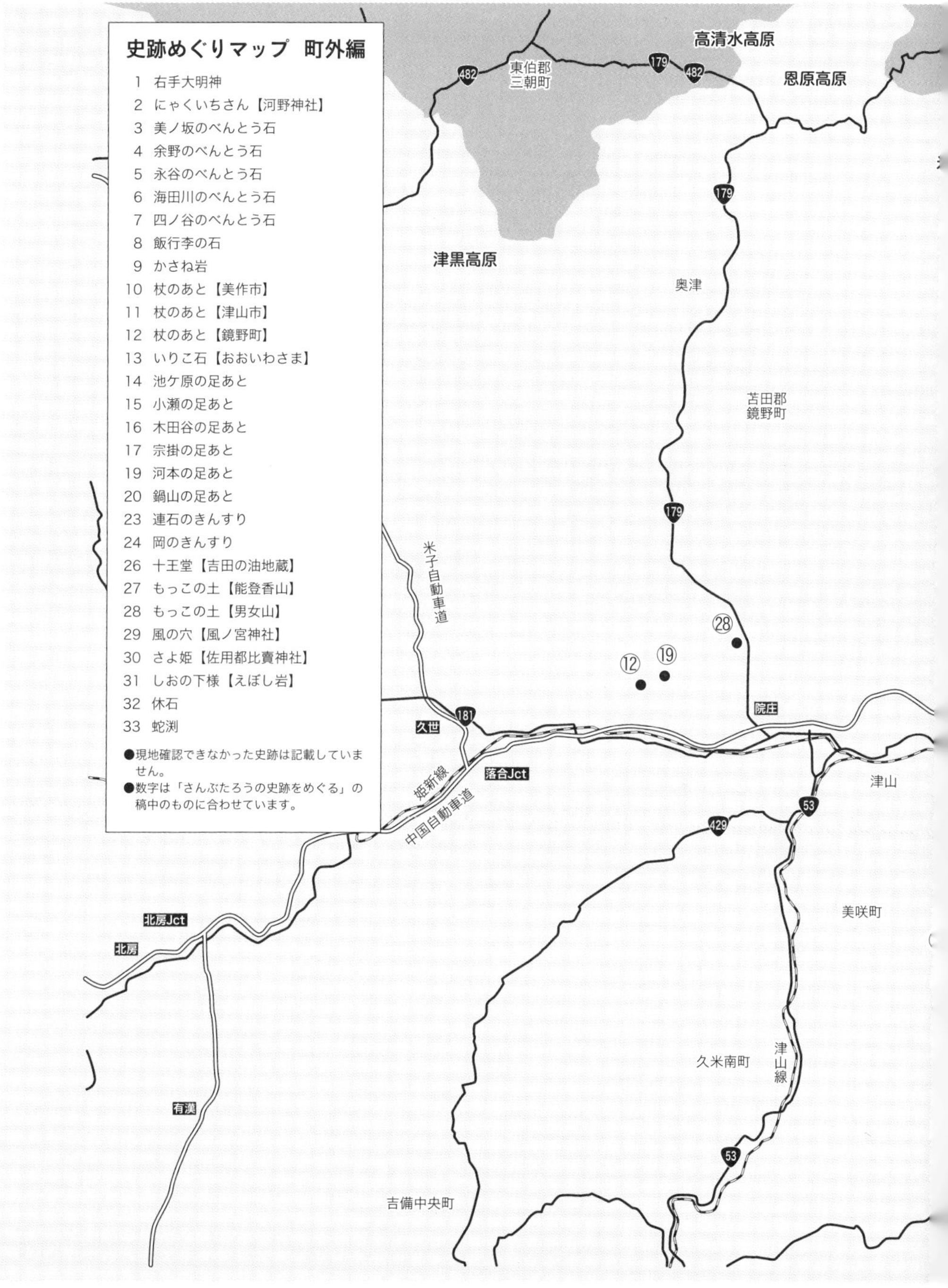
史跡めぐりマップ　町外編
1　右手大明神
2　にゃくいちさん【河野神社】
3　美ノ坂のべんとう石
4　余野のべんとう石
5　永谷のべんとう石
6　海田川のべんとう石
7　四ノ谷のべんとう石
8　飯行李の石
9　かさね岩
10　杖のあと【美作市】
11　杖のあと【津山市】
12　杖のあと【鏡野町】
13　いりこ石【おおいわさま】
14　池ケ原の足あと
15　小瀬の足あと
16　木田谷の足あと
17　宗掛の足あと
19　河本の足あと
20　鍋山の足あと
23　連石のきんすり
24　岡のきんすり
26　十王堂【吉田の油地蔵】
27　もっこの土【能登香山】
28　もっこの土【男女山】
29　風の穴【風ノ宮神社】
30　さよ姫【佐用都比賣神社】
31　しおの下様【えぼし岩】
32　休石
33　蛇渕
●現地確認できなかった史跡は記載していません。
●数字は「さんぶたろうの史跡をめぐる」の稿中のものに合わせています。
高清水高原
恩原高原
東伯郡三朝町
482
179
津黒高原
奥津
苫田郡鏡野町
米子自動車道
28
12
19
院庄
久世
181
落合Jct
姫新線
中国自動車道
津山
53
429
美咲町
北房Jct
北房
有漢
久米南町
津山線
吉備中央町

伝説さんぶたろう

今も生きている巨人

編著　民話さんぶたろう研究実行委員会
監修　立石憲利

はじめに ～刊行によせて～

このたび、奈義町を中心に美作地方北東部一体に広く分布する巨人伝説、民話である「さんぶたろう」調査研究の成果をまとめた資料集「今も生きている巨人　伝説さんぶたろう」が発刊されました。

この間、平成27年度に結成された「民話さんぶたろう研究実行委員会」では、既存の伝承の見直しに始まり、県内及び近県の公立・大学図書館、資料館等の文献調査、史跡や伝承地の実地調査、聞き取り調査による未採集の伝承の採話など、巨人さんぶたろうに関するあらゆる資料や情報の網羅的な収集を目指して、調査研究に努めてきました。

これらの取り組みの成果である本書が、今後の「さんぶたろう」調査研究の基礎資料として、また、奈義町の魅力を発信し、興味関心を持っていただくきっかけとしてご活用いただけることを期待しています。

結びになりましたが、原稿をお寄せいただいた立石憲利先生、三村晃功先生、高森望先生をはじめ、発刊にご尽力いただいたすべての方々に心より敬意を表しまして、ご挨拶とさせていただきます。

民話さんぶたろう研究実行委員会
会長　奈義町教育委員会教育長
甲田　勝資

目次

【表紙イラスト】

岸本聖史　漫画家　奈義町出身　２００１年デビュー

作品

『６６６～サタン～』（月刊少年ガンガン、スクウェア・エニックス、全19巻）

『ブレイザードライブ』（月刊少年ライバル、講談社、全９巻）

『紅の狼と足枷の羊』（月刊少年ライバル、講談社、全４巻）

『助太刀09』（月刊少年ガンガン・ガンガンONLINE、スクウェア・エニックス、全５巻）

第一章

「さんぶたろう」を考える

ゴイサギ

第一節 「さんぶたろう」は何者か？

～巨人さんぶたろうと三穂太郎満佐《さんぶたろうみつすけ》～

松村 謙

巨人「さんぶたろう」は、現在の岡山県勝田郡奈義町《かつたぐんなぎちょう》、勝央町《しょうおうちょう》、津山市《つやまし》、美作市《みまさかし》など、美作《みまさか》地方北東部を中心に語り伝えられているおはなしである。

「さんぶたろう」のおはなしには、中国山地《ちゅうごくさんち》をひとまたぎし、京都まで三歩で通った大男の民話と、地方武士団「美作菅家党《みまさかかんけとう》」のリーダーであり、菅家七流《かんけしちりゅう》の祖「菅原三穂太郎満佐《すがわらさんぶたろうみつすけ》」をモデルにした伝説という、ふたつの側面があると考えられている。（※1）

「さんぶたろう」の民話・伝説としての側面については、県内・全国に残る巨人伝説・力持ち伝説との関わりで立石憲利《たていしのりとし》氏が、また、史実の「三穂太郎満佐《さんぶたろうみつすけ》」の来歴については高森望《たかもりのぞみ》氏がそれぞれ論考されているので、ここでは、奈義町《なぎちょう》を中心に、岡山県北一帯で流布している「さんぶたろう（三穂太郎満佐《さんぶたろうみつすけ》）」のアウトラインについておさらいしたい。

民話としてのさんぶたろう

民話としてのさんぶたろうについては、さまざまなバリエーションがあるが、概ね次のように言い伝えられている。

その昔、菅原道真《すがわらのみちざね》の子孫といわれる男が、菩提寺《ぼだいじ》で出会った美しい女と恋に落ち、やがて太郎丸《たろうまる》という男児をもうけましたが、ある日、女は男のもとを去ってしまいました。男が赤子を抱いて、女が去った那岐山《なぎさん》の麓の淵をおとずれると、大蛇《だいじゃ》に化身した女があらわれ、五色《ごしき》の玉《たま》をわたした後、ふたたび淵の中に姿を消しました。女が去った淵は、「蛇淵（じゃぶち）」と呼ばれるようになりました。

五色の玉の力で雲をつく巨人に成長した男児は、那岐山《なぎさん》一帯を治める領主になり、うわさを聞いた京の帝から、禁裏《きんり》（天皇の御所）の警護を命じられ、那岐山《なぎさん》と京を三歩で通ったことから「三歩太郎（さんぽたろう）」、これが転じて「さんぶたろう」と呼ばれるようになりました。

さんぶたろうの死後、そのなきがらは各地に祀られました。

頭を祀る奈義町関本《せきもと》の三穂《みほ》神社（通称：こうべさま）は、学業と頭痛除けの神様として信仰されています。また、同町西原《にしばら》の杉《すぎ》神社は「荒関様（あらせきさま）」とも呼ばれ、さんぶたろうの胴体（あら）が祀られています。

その他にも、隣市である美作市《みまさかし》旧勝田町《かつたちょう》には、右手《みぎて》を祀る右手《うて》神社、那岐山《なぎさん》を越えた鳥取《とっとり》県八頭郡智頭町《けんやずぐんちづちょう》には、上腕《じょうわん》（かいな）を奉った「河野《こうの》神社」（別名：にゃくいちさん）があり、肩や手の病気にご利益があると言われています。


（「岡山県奈義町町勢要覧」平成27年10月発行より）

古文献に見る三穂太郎満佐

伝説としてのさんぶたろうは、古文書や複数の系図などを通じて、中世の人物「菅原三穂太郎《すがわらさんぶたろう》満佐《みつすけ》」がそのモデルとされており、ストーリーの骨子は民話と概ね共通しているが、出自や生涯についてさまざまに伝えられている。

三穂太郎《さんぶたろう》の生涯をもっとも端的に表した文書として、江戸時代に編纂された美作国《みまさかのくに》東部6郡の地誌『東作誌《とうさくし》』に次のような記述が見られる。（※2）

満佐、改兼実号三穂太郎名木山城主妻者豊田右馬頭女有子七人菅家七流之祖也。

満佐其性質太ダ魁偉而博学外祖藤原千方之飛化術常登于名木山修伝事妖怪飛行或云播州中山村佐用姫明神通妻妬而殺満佐于時天福二年甲子九月十五日満佐五十二

才也満佐屍解飛去数仙不知其終于今祀其霊豊田庄氏神矣関本亦三穂太明神之宮祠
則祭日九月十五日也

ここでは、満佐《みつすけ》は菅原道真《すがわらのみちざね》の子孫で三穂太郎《さんぶたろう》と号し、名木山《なぎさん》（那岐山）に城を構え、豊田右馬頭《とよたうまのかみ》の娘との間に七人の子をもうけ、飛行の術を自在にあやつった異能の人であったとされている。

文中の「屍解《しかい》（尸解）」は、死後、肉体を持ったまま仙人になることであり、一般に流布している民話では、死後、三穂《みほ》神社をはじめとする近在の社にこうべ（頭）、かいな（肩と腕）、あら（胴体）が祀られたことになっているが、この伝説では、仙人になり、いずこともなく飛び去ったとされている。

また、文化10（814）年ごろ皆木保實《みなぎやすざね》によって著された地誌『白玉拾《しらたましゅう》』豊田庄《とよたしょう》是宗村《こりむねむら》の項には、

三穂太郎は、豊田修理之進の聟と云い、菅家七流の祖と聞伝ふる

という記述がみられる。（※3）

なお、近世初頭までの美作《みまさか》地方における戦乱と諸勢力の興亡を記した『美作太平記《みまさかたいへいき》』（『白玉拾《しらたましゅう》』

と同じく、皆木保實《みなぎやすざね》の著作とされる。）には、菅原道真《すがわらのみちざね》の12代の後胤秀滋《ひでしげ》（前伊豆守《さきのいずのかみ》、別名を仲《なか》頼《より》・保師《やそむろ》とも。）が美作国《みまさかのくに》に配流された後、三人の息子、保綱《やすつな》（公資《きみすけ》・三河守《みかわのかみ》）、保義《やすよし》（公継《きみつぐ》）、満《みつ》佐《すけ》が勝田郡《かつたぐん》五ヶ庄を支配し、菅家三流《かんけさんりゅう》と呼ばれたとされ、保綱からは豊田《とよた》、皆木《みなぎ》、菅《かん》、廣戸《ひろど》、森《もり》保《やす》、野々上《ののうえ》、小阪《おさか》、戸国《とくに》、留坂《とみさか》、梶並《かじなみ》、右手《うて》など、保義からは植月《うえつき》・大町《おおまち》・松岡《まつおか》・須江《すえ》など、満《みつ》佐《すけ》からは有元《ありもと》・福本《ふくもと》・江見《えみ》・弓削《ゆげ》・原田《はらだ》・垪和《はが》・菅田《かんだ》らが派生し、これを菅家七流《かんけしちりゅう》としている。（※4）

この他、「右手《うて》神社（右手大明神《うてだいみょうじん》）」（美作市右手地区《みまさかしうて》）には、三穂太郎《さんぶたろう》の右手《みぎて》が祀られてきたが、ここでいう三穂太郎《さんぶたろう》は、源氏の落ち武者近藤武者是宗《こんどうむしゃこれむね》の子三穂太郎勝正《さんぶたろうかつまさ》とされるなど、ルーツの異なる系図、伝承が複数残されている。

三穂太郎《さんぶたろう》は何者か？

系図は、編纂者がそれぞれ氏族や家門の正統性や神秘性を主張しあう中で変化していくものであり、時代とともに内容に異同を生じていくものである。

三穂太郎《さんぶたろう》の来歴を示す複数の系図、伝承が残っていることは、菅原《すがわら》氏が在地の豪族と婚姻などを通じて結びつきを強めながらこの地に根付いていった過程を示すとともに、異なる時期に、複数のルートで菅原《すがわら》氏につながる一派が京からこの地に移り住み、合流しながら勢力を拡大していったことを示唆しているものと考えられる。

また、文献によって、三穂太郎《さんぶたろう》が三宝太郎《さんぽうたろう》や三歩太郎《さんぽたろう》とされる、系図の人名に異同がある、名木山城《なぎさんじょう》が是宗城《こりむねじょう》、妻の父親が豊田右馬頭《とよたうまのかみ》（または介《すけ》）であるところを豊田修理之進《とよたしゅりのしん》とされるなど、文献によって細部はことなるが、総合すると巨人さんぶたろうのモデルになったとされる人物は、菅原道真《すがわらのみちざね》の子孫を名乗り、13世紀鎌倉時代ごろに地方武士団「美作菅家党《みまさかかんけとう》」のリーダーとして当地を支配し、菅家七流《かんけしちりゅう》の祖となり、天福《てんぷく》2（改元して文暦《ぶんりゃく》元〈1234〉）年に没した、という点で概ね一致している。

その後、南北朝から戦国時代に至る動乱期を通じて、山名《やまな》、赤松《あかまつ》、尼子《あまこ》、浦上《うらがみ》、毛利《もうり》、宇喜多《うきた》などの大勢力と伍して美作《みまさか》地方北東部を支配し続けた美作菅家《みまさかかんけ》の基盤を築いた三穂太郎満佐《さんぶたろうみつすけ》の功績の大きさや神秘性、支配の正統性を巨人伝説と結びつけ、言い伝え語り伝えられていくうちに現在の「さんぶたろう」の形になっていったものと考えられる。

※1：美作菅家党《みまさかかんけとう》

13世紀末から16世紀末にかけて、美作《みまさか》地方東部に勢力のあった地方武士団。『東作誌《とうさくし》』などによれば、美作国《みまさかのくに》に配流された菅原道真《すがわらのみちざね》の後裔知頼《ともより》の子孫「満佐《みつすけ》」が祖とされる。

菅家七流《かんけしちりゅう》

一般に有元《ありもと》、廣戸《ひろど》、福光《ふくみつ》、植月《うえつき》、原田《はらだ》、鷹取《たかとり》、江見《えみ》の家を指すといわれるが、野々上《ののうえ》、豊田《とよた》、福元《ふくもと》、弓削《ゆげ》、垪加《はが》、菅田《かんだ》などを加える場合など、系図によって諸説ある。

※2：『東作誌《とうさくし》』

正木兵馬輝雄《まさきひょうまてるお》著。文化《ぶんか》12（1815）年成立。著者の正木輝雄《まさきてるお》は津山藩士であり、元禄《げんろく》4（1691）年成立の地誌『作陽誌《さくようし》』（江村宗晋《えむらそうしん》撰；長尾隼人勝明《ながおはやとかつあき》編。美作国《みまさかのくに》の西6郡のみで未完に終わっている）を補うため、東6郡（東南条《ひがしなんじょう》、東北条《ほくじょう》、勝北《しょうぼく》、勝南《しょうなん》、吉野《よしの》、英田《あいだ》）の地誌として編纂された。異本が複数存在するが、本稿では『新訂作陽誌《しんていさくようし》』第6巻（作陽新報社《さくようしんぽうしゃ》刊、1975年）のものを参考にした。

※3：『白玉拾《しらたましゅう》』

近世梶並庄《かじなみのしょう》（現在の奈義町東部と美作市《みまさかし》旧勝田町《かったちょう》の一部を含む地域）一帯の地理や産物、史跡、伝承などを記録した地誌。

著者の皆木保實《みなぎやすざね》は、津山藩士正木輝雄《まさきてるお》による『東作誌《とうさくし》』編纂の有力な協力者であったといわれている。

本稿では、『白玉拾《しらたましゅう》』（奈義町文化財保護委員会編集、奈義町教育委員会、2006年）を参考にした。該当ページは、p.260-261.

※4：『美作太平記《みまさかたいへいき》』

近世初頭までの美作地方における戦乱と諸勢力の興亡を記した歴史書、戦記物語。著者、著作時期不明。三好基之《みよしもとゆき》氏『新釈 美作太平記《しんしゃくみまさかたいへいき》』の解説によると、前記の『白玉拾《しらたましゅう》』の著者であり、『東作誌《とうさくし》』の編纂にも関わった皆木保實《みなぎやすざね》の可能性が高いとされる。

本稿では、『新編吉備叢書《しんぺんきびそうしょ》第1巻』（歴史図書社《れきしとしょしゃ》刊、1976年）所収のものを参考にした。

さんぶたろうの民話・伝説は江戸時代に成立した？

巨人さんぶたろうのモデルとされる美作菅家党《みまさかかんけとう》の頭領菅原三穂太郎満佐《すがわらさんぶたろうみつすけ》の生年は不明だが、一説には天福2年（1234）年に、現在の兵庫県《ひょうごけん》佐用郡《さようぐん》佐用町《さようちょう》で赤松久範《あかまつひさのり》（赤松円心《あかまつえんしん》の祖父）と戦って敗死したと伝えられているので、この説によれば鎌倉時代の人ということができる。

では、三穂太郎満佐《さんぶたろうみつすけ》が、巨人伝説・民話と結び付けて語られるようになったのは、いったいいつ頃からだろうか？

古典和歌の研究者で京都光華女子大学《きょうとこうかじょしだいがく》名誉教授の三村晃功《みむらてるのり》氏は、本書に寄せられた論考『「三穂《さんぶ》太郎《たろう》」の形成―古典和歌の関係する恋愛譚をめぐって―』の中で、『三穂太郎記《さんぶたろうき》』の文中で、さんぶたろうの両親が交し合う和歌と、江戸時代の地誌・百科事典である『白玉拾《しらたましゅう》』（※1）に載っている和歌を比較して、『三穂太郎記《さんぶたろうき》』の著者が『白玉拾《しらたましゅう》』の著者皆木保實《みなぎやすざね》（梶並庄皆木村《かじなみのしょうみなぎむら》＝現在の奈義町《なぎちょう》 皆木《みなぎ》地区出身とされる）である可能性について指摘されている。

また、さんぶたろうのかいな（＝上腕部）を祀るとされる「河野《こうの》神社」の河野通仁《こうのみちひと》宮司の調査研究によれば、伊予国《いよのくに》（愛媛県《えひめけん》）を本地とし、瀬戸内海《せとないかい》に一大勢力を誇った河野《こうの》氏とのつながりで、戦国期には多くの美作菅家の人々が海運や舟艇の警護などに携わったとされ、主に西予《せいよ》地方を中心に、美作菅家につながる氏族が多数移住した形跡がある。

民話さんぶたろう研究実行委員会が調査を行った範囲では、さんぶたろうにつながる伝承が発見されていないこと、戦国期までの古文書にさんぶたろうに関する記述が見られないことから、美作菅家の一派が西予地方に移住した戦国期以降、江戸時代になって現在のさんぶたろう伝説・民話の原型が成立した可能性が高いと考えられる。

以上のことから推測して、『三穂太郎記』は、巷間言い伝えられてきた巨人伝説と、皆木保實氏の出自である菅原《すがわら》三穂《さんぶ》太郎《たろう》満佐《みつすけ》の事績を結び付けて成立した物語の可能性が高いと考えられるし、『三穂太郎記』の創作をきっかけとして、派生した言い伝えもあることだろう。

※1：奈義町《なぎちょう》文化財《ぶんかざい》保護《ほご》委員会《いいんかい》編集『白玉拾《しらたましゅう》』奈義町《なぎちょう》教育《きょういく》委員会《いいんかい》、2006、751p.
該当ページは、p.260-261.

さんぶたろう伝説の分布から見えてくるもの

巨人さんぶたろうのモデルが、中世美作《みまさか》地方に勢力のあった地方武士団「美作菅家党《みまさかかんけとう》」のリーダー菅原《すがわら》三穂《さんぶ》太郎《たろう》満佐《みつすけ》とされることについては、本書でも紹介されている。

美作菅家の根拠地であった現在の岡山県勝田郡《かったぐん》奈義町《なぎちょう》を含む岡山県北美作《みまさか》地方北東部をはじめ、東は兵庫県佐用郡《さようぐん》佐用町《さようちょう》、西は苫田郡《とまたぐん》鏡野町《かがみのちょう》、南は備前《びぜん》市、北は鳥取県八頭郡《やずぐん》智頭町《ちづちょう》に言い伝えや伝承地が残っている。（※1）

また、『さんぶ太郎考《たろうこう》』（※2）には、『岡山の伝説』（※3）からの引用として、

奈義山《なぎさん》の上に腰を下ろして因幡の賀露《かろ》の浜で足を洗った。

※奈義山＝那岐山（ルビは追補）

という言い伝えが載っているが、平成27年度に民話さんぶたろう研究実行委員会が行った調査では、賀露《かろ》（＝鳥取市）の側に関連する伝承が発見されていないことから、さんぶたろうの巨大さを称えるために県北で成立したエピソードの可能性がある。

なお、研究実行委員会では、岡山県全域に加えて、隣接する兵庫県、鳥取県、広島県、瀬戸内海を挟んで美作菅家《みまさかかんけ》ゆかりの氏族が複数あるとされる愛媛県西予《せいよ》地方まで範囲をひろげて調査を行ったが、いまのところ上記の地域を超えた分布地は見つかっていない。（※4）

以上のことから、さんぶたろうの民話・伝説のひろがりが、概ね美作菅家《みまさかかんけ》の支配地または影響力のあった美作《みまさか》地域北東部と重なることが分かる。

※1：佐用町《さようちょう》には、さんぶたろうが通ったとされる佐用姫明神《さよひめみょうじん》を祀ったとされる「佐用都比売神社《さよつひめじんじゃ》」、鏡野町《かがみのちょう》には、さんぶたろうが力試しにふたつの山を担いだところ、もっこの緒が切れてその地にとどまったとされる「男《おと》女山《めやま》」、備前市（兵庫県境に接する旧吉永町《よしながちょう》地域）には、さんぶたろうが那岐山といっしょに一またぎしたとされる「八塔寺山《はっとうじやま》」、智頭町《ちづちょう》（那岐山《なぎさん》を挟んで奈義町と隣接する）には、さんぶたろうのかいな（上腕）を祀る

「河野《こうの》神社（にゃくいちさん）」がある。

※2：『さんぶ太郎考《こう》（奈義町教育委員会資料7）』奈義町教育委員会,1985.12.
該当ページはp.48。

※3：立石憲利《たていしのりとし》著『岡山の伝説（岡山文庫23）』日本文教出版,1969.5.
該当ページはp.32-33。

※4：美作菅家《みまさかかんけ》と愛媛県西予《せいよ》地方の菅家《かんけ》ゆかりの氏族との関わりについては、さんぶたろうゆかりの河野《こうの》神社（鳥取県八頭郡智頭町《やずぐんちづちょう》）の河野通仁《こうのみちひと》宮司の研究によるところであり、本書「さんぶたろうこぼれ話」でも触れている。

ふたりの太郎＝さんぶたろうと小泉小太郎《こいずみこたろう》

「小泉小太郎《こいずみこたろう》」は、またの名を白龍太郎《はくりゅうたろう》、泉小太郎《いずみこたろう》ともよばれ、主に信州、奥信濃一帯に分布する伝説であり、松谷《まつたに》みよ子さんの童話（創作民話）で、1979年にアニメ映画にもなった「竜《たつ》の子太郎《こたろう》」のモデルといわれている。

　小泉小太郎とさんぶたろうの伝説を比較すると、母である竜神（大蛇）から生まれた息子（さんぶたろう、小泉小太郎）が、母から授かった力で世界を創造する、というよく似たストーリーの構造を持っており、また、その他にも類似点が多いことに気付かされるのである。

小泉小太郎の伝説には、地域によってさまざまなバージョンがあるが、『日本の民話17 信濃の民話』瀬川拓男《せがわたくお》氏の再話によると、次のような内容である。（※1。以下ルビは筆者）

むかし独鈷山《とっこさん》というけわしい山に、若い坊さまの住む寺があった。いつの頃からかその坊さまのところへ美しい女が通ってくるようになった。

不思議に思った坊さまは、ある夜、そっと女の着物に糸のついた縫針をさしておいた。夜があけてみると、糸は庭をぬけて山の沢を下り、産川《さんがわ》の上流にある鞍淵《くらふち》の大きな石のところまでつづいていた。

ふと岩の上を見ると、生まれたばかりの赤児を背にのせた大蛇が苦しそうにのたうっている。

大蛇は坊さまに気がつくと、「こんな姿を見られては生きていることはできない。針をさされたので鉄の毒も体にまわった。どうかこの子をたのみ申します。」といって赤児を岩の上におろし、ざざーっと水煙をあげて淵の中へ姿を消してしまった。坊さまは恐ろしさに震え上がり、赤児をそこに残し、逃げ帰った。

その後、大水で川に流された小太郎は、小泉村《こいずみ》というところで婆さまに拾われて育ち、湖に住む母（大蛇＝犀龍《さいりゅう》）と再会し、協力して湖をせき止めている山を切り崩し、土地を開拓することになる。

なお、湖から流れ出た水は犀川《さいかわ》になり、湖が干上がって生まれた土地は、現在の松本、安曇の両平野になったといわれている。

伝説では、小泉小太郎の母（大蛇＝犀龍《さいりゅう》）が住む湖は、周囲を山に囲われており、大昔に天の神が練っていた五色の石のかけらが地上に降ったとき、えぐれてできたのがこの湖で、飛び散った石のかけらが周囲の山になったとされている。

また、別の伝説では、天の神を女神「媧《か》」氏としており、五色の石で天の裂け目を修復した中国の女神「女媧《じょか》」氏であろうと考えられる。

また、五色の石は、陰陽五行説でいう世界を構成する五つの要素〈エレメント〉「五行」であり、世界を創造する力の象徴と考えられる。

このように、母が竜神（大蛇・蛇神）であること、母子神としての性質を備えていること、息子が母から受け継いだ創世の力を操り、治水や開墾などの偉業を成すことなど、ふたつの伝説は共通点が多い。

部分ごとに類似のモチーフは全国各地にみられるが、今後の調査研究を通じて、美作と信濃という離れた地域の伝説に、単なるストーリーの共通点以上のつながりが見えてくるかもしれない。

※１：「信濃の民話」編集委員会編；江馬三枝子編『定本日本の民話17信濃の民話 飛騨の民話』未来社 1995.5. 該当ページはp.198-199.

※２：長野県図書館協会編『信濃伝説集 信州の伝説と子どもたち』（信州の名著復刊シリーズ２）一草舎 2008. 該当ページはp.198-199.

なお、女神「女媧《じょか》」は、男神伏羲《ふっき》とともに、漢代（紀元前２０６～後２２０）に広く漢族の間で信仰された夫婦（兄弟とも）神であり、現在でも中国西南地区の彝《イ》族、苗《ミャオ》族、侗《トン》族、搖《ヤオ》族など少数民族の間で伝承が残っている。

漢民族における女媧の人類創造神話は、概ね次のようなものである。

女神女媧《じょか》は、自分に似た生き物をつくることを思いつき、泥と水を混ぜて自分の姿に似せてこね挙げて命を吹き込み、その生き物に「人」という名を与えた。

はじめ女媧は、ひとりずつ泥をこねて人をつくっていたが、途中で面倒になったので縄に泥をつけてひと振りすると、飛び散った滴は人間になった。

女媧は、この方法で多くの人をつくり、やがて大地は人であふれた。

あるとき、天の半分が崩れ落ちて大きな穴があいて大地には裂け目が生じ、大火と洪水が世界を襲った。

女媧《じょか》は、五色の石を溶かした膠《にかわ》を塗って、天地を修復するとともに、修理した天地がふたたび崩れ落ちないように、鼇《おおがめ》の足を切ってつっかえ棒にした。

確認できる限りで、女媧の名が最初に文献にあらわれるのは、屈原《くつげん》（前340～前278）の『楚辞《そじ》』天問篇《てんもん》においてであり、漢代の石刻画などをみると、二柱とも人面蛇身の姿をしている。伏羲は手に曲尺《きょくじゃく》（直角定規）、女媧はぶんまわし（コンパス）を握った姿で描かれている。定規とコンパスは世界の設計にかかわる者の象徴と考えられる。

第二節　さんぶ太郎よ、よみがえれ

立石　憲利

（一）さんぶ太郎の姿

奈義町を中心に伝承されている伝説、さんぶ太郎の物語は、どんなものだろうか。

第二章一「さんぶ太郎の伝承」の項に掲載している話を読むと、いくつもの話が、ほとんど共通していることに気付く。

「さんぶ太郎」の物語は、主人公（菅原実兼《すがわらさねかね》など）が美しい娘と出合い、やがて夫婦の契りを結ぶ。子どもが生まれ太郎と名づけるが、出産や授乳の際に、妻は「見たらいけない」と言って、部屋に閉じこもり姿を見せない。男が、ある日、約束を破ってのぞいて見ると、妻は大蛇であった。正体を見られた以上、夫婦でいることはできないと、山に姿を消す。残された太郎は、乳がないから泣き叫ぶ。男が妻をさがし、山に入り蛇渕《じゃぶち》に行くと蛇が現われ、五色の玉（目玉など）をくれる。太郎は、玉をなめて育ち、大男の力持ちになる。

太郎は、都にもつかえ、京の都まで三歩で行ったので三歩《さんぼ》太郎と呼ばれる。太郎は結婚し、子をもうけるが、恋敵が太郎の草履に針を刺す。それを踏んだ太郎は、蛇の血を引いているので鉄の毒のため死ぬ。遺骸は各地に流れ着き、体は腐って日本原の黒ぼこ（黒土）になった。太郎は那岐山《なぎさん》に腰掛けて、瀬戸内海で足を洗ったというほどの巨人。足跡池、食事の中に入っていた石、土をもっこで運んでいて、こぼれた土が山になるなど遺跡（記念物）が多くある。

以上のような筋だが、蛇が女に姿を変えて男と結婚する話は、昔話の異類婚姻譚「蛇女房」である。蛇が男になって娘と結婚するのは「蛇婿入り」である。「蛇婿入り」の方が多いが、「蛇女房」も全国で多く採録されている。

松村氏が前述されている小泉小太郎《こいずみこたろう》の伝説（長野県）は、「蛇女房」で、生まれた子が成長して小太郎となり、土地を開拓する。

同様、秋田県の八郎潟《はちろうがた》は、娘が大蛇と契って子どもが生まれる。それが八郎で、大力のマタギ（猟師）になる。イワナを食べて大蛇になり、堰き止めたのが十和田湖《とわだこ》。八郎は修験者・南祖坊《なんそぼう》との闘いに負け、十和田湖を追われ八郎潟の主となった。これは「蛇婿入り」であるが、いずれも、さんぶ太郎と共通点が多い。

さて、「蛇女房」譚に特有な、妻が目玉を与えるために盲目になるというモチーフ。そして妻に時刻を知らせるため寺で鐘を撞く。それが三井寺の起源と結びつく（全国で伝承）。

もう一つは、玉を殿様が奪ったので、復讐するため、夫と子を山に逃れさせ、大洪水で殿様などを流してしまうという災害伝承になっているものがある（九州を中心に）。

蛇は水神の化身であるが、これらの話には、水を支配する存在がよく表われている。

「蛇女房」を古文献でみると『鈴鹿《すずか》の草子《そうし》』（室町時代物語大成所収、室町末期）や『壱岐国続風《いきのくにぞくふう》土記《どき》』（十八世紀）などにもある。

「夫に出産（授乳）を見るな」という禁忌は、『古事記』の豊玉姫《とよたまひめ》説話にも見えるが、伝承されている昔話では、「蛇女房」にだけこの禁忌がある点も注目される。

さんぶ太郎の物語は、前半が「蛇女房」で、後半は、生まれた子が成長して巨人になって、多くの仕事をし、その遺跡（記念物）を残している。しかしながら、具体的にどんな仕事をしたかについては、あまり詳しく語られていない。

残された遺跡（記念物）では、足跡池、食事の中に入っていた石という、少し小型のものが多い。

巨人伝説特有の地方的国土創造という点からみると、次のようなところが注目できる。

①因幡《いなば》と美作《みまさか》が国境で争っていたので、さんぶ太郎が、泥で中国山脈（那岐《なぎ》連峰）を造る。

②遺体が黒ぼこになる。

③男女山《おとめやま》、双子山《ふたごやま》などは、もっこで運んでいた土がこぼれてできた山。

④足跡や金玉の跡などで出来た池。

とくに①の中国山脈を造るというのは、巨人でないとできないもので、聞いていてわくわくする。

このような国土創造伝説は、「二、巨人伝説」の項で記した『播磨国風土記《はりまのくに》』『出雲国風土記《いずものくに》』にも見られるように、古くから巨人（神など）が大きな仕事をしたと人々は考えたのだ。各地に巨人、神、天狗などが、国土創造をした伝説が残されている。

人々は、自分が住む村などの世界に対し、村を越える、また、天上、地下、水中、海の沖などに別世界（異界）があると信じていた。そこに棲む者は、並外れた身体を持ち、異常な存在で、鬼、天狗、異人、神などでもあった。一般に人々がなし得ないものは、こういう異界の者によって造られたと考えたのである。

さんぶ太郎も、大蛇を母とする、まさに異界の者であり、だからこそ大きな仕事ができたのだと。

（二）さんぶ太郎説話の成立期

さんぶ太郎の話を構成している一つ「蛇女房」は、前述のように『鈴鹿の草子』とほぼ同じ内容であり、室町時代末期には成立していたことが分かる。現在、日本で伝承されている昔話の多くは、室町時代に今日の姿になったというのが通説であり、「蛇女房」も、同じように考えられる。

「蛇女房」と対比される「蛇婿入り」は、『古事記』の三輪山《みわやま》伝説にすでに記され、また、『肥《ひ》前国《ぜんのくに》風土記』にもあり、その後も多くの古典に掲載されている。

また、巨人伝説（国土創造説話）の多く載っている『風土記』は、七一三年（和銅六年）元明天皇の詔によって撰進された地誌である。その当時に、国土創造説話が広く伝承されていたこともよく分かる。

それでは、「蛇女房」と「巨人伝説」が結びついたさんぶ太郎話は、いつごろ成立したのであろうか。

文献では『東作誌』（一八一五年＝文化十二年完成）に、三穂太郎の伝説地がじつに多く収載されている。その範囲は、奈義町が中心だが、津山市綾部から美作市、美咲町など、東美作一帯に広がっている。

また、今日のさんぶ太郎の伝承地域をみると、奈義町《なぎちょう》を中心に、東美作《みまさか》一円に濃厚に伝承されている。口承で伝承、伝播する時代であったし、記念物がなければならないことから、これだけ広範囲に広がるためには相当の年月を要したと考えられる。また、記念物になっているものは、さんぶ太郎以前に、別の伝説があることが多く、さんぶ太郎が有名になるなかで、さんぶ太郎の遺跡に変わっていく。そのためには、さんぶ太郎の影響力の強さも必要になってくる。「三穂太郎記」も影響があるだろうが、それだけで、短期間にこれだけ広範囲に広がることは考えられないだろう。

それらのことをあわせ考えると、少なくとも江戸時代中期、またはそれより前に、さんぶ太郎の伝承が広がっていたのではないだろうか。さんぶ太郎という名前を別にすれば、同じような内容の話は、もっと以前に出来ていたと考えられるだろう。

（三）菅原道真と結びついたのは

さんぶ太郎の話には、特定の人物が登場し、美作菅家《みまさかかんけ》七流の祖が太郎であるという内容のものもある。

収載した話の順にみると、次のようになっている。

①「有元家《ありもと》は菅家の後裔で、その家系図に三穂太郎満佐《さんぶたろうみつすけ》がある」

②「豪族有元様」

③「三穂太郎満佐は、七人の子供があり、美作菅家七流の祖である。長男……」

④「菅原道真の後裔で、菅原実兼《すがわらさねかね》という」

⑤「久常の豪族真兼《まさかね》…」

⑥「菅原三穂太郎満佐は、菅原道真から十二代目に当たり、作州《さくしゅう》地方を治めた」

⑦「地方の領主有馬《ありま》様…」

⑧「実兼という立派な人…」

⑨「高円《こうえん》にえらい侍が…」

というように、さんぶ太郎は、道真の末裔で美作菅家七流の祖であるという内容が強く現れている。

このように伝承が規を一にしているのは、何か原典があったからであり、それが『三穂太郎記』だと考えられる。その原本は、いまは行方不明だが、伝承者たちの多くが、『三穂太郎記』を読むなどして、それが語りに現われたものだろう。

『三穂太郎記《さんぶたろうき》』には、多くの和歌があり、語りの中にも、それが伝えられている。この和歌は、江戸後期の『白玉抄《しらたましゅう》』と同じものが多く、『三穂太郎記』は『白玉抄』の著者である皆木保実であろうと、本書で三村晃功《みむらてるのり》氏が指摘されている。

そのことからも、さんぶ太郎が、特定の人物を結びつくのは、江戸後期からであろうと考えられる。

（四）なぜ、いま、さんぶ太郎か

奈義町《なぎちょう》には、横仙《よこぜん》歌舞伎という民俗芸能が、住民の手によって継承されてきている。太平洋戦争以前には、東美作《みまさか》を中心に広い範囲に歌舞伎などが伝承されてきたが、ほとんどの地域で伝承が消え、わずかに残るだけになった。そんななかで、奈義町だけが気をはいているといえる。岡山県内では、「歌舞伎」といえば「横仙歌舞伎」「奈義町」ということになる。

奈義町民または出身者が、他所で自分を紹介するとき、「横仙歌舞伎の伝承されている奈義町出身（在住）です」と言い、浄瑠璃の一節でも披露すると、多くの人々から関心が持たれる。本人も出身地または住んでいるところに誇りと自信を持つことができるだろう。

以前は、浄瑠璃の一つや二つが謡える人がたくさんいたという。奈義町で伝承されていた昔話の中にも、歌舞伎や浄瑠璃が出てくるものがある。他の自治体ではほとんどなく、奈義町の特長的な話といえるだろう。このことは、歌舞伎や浄瑠璃が、日常生活の中に生きていた証拠でもある。一例を紹介しよう。

四千よき

昔々、あるところに爺と婆とおって、そうして爺さん山へ木を樵りに行くし、婆さん川へ洗濯に行く。婆さんが川から戻ってみたら、爺さんつまらん顔をして戻っとる。

「どねえしたんなら」

いうたら、

「わしゃあ、斧《よき》ぅ落とえてなあ、そえで木ぅ樵らずに戻った」

いうて、つまらん顔をしとるでなあ、

「なんぼう探いても斧がなかった」

いうて、

「まあ、そねえに心配せえでも、どこぞから出て来るわいな。それより爺さん、今日は隣村で芝居があるでなあ、見ぃ行こうじゃあないか」

せえで、

「そうか、それもえかろうか」

いうてなあ、そうして二人連れで行ったんです。そうしたところが、

「まあ一番ええとこへ座ろうで」

いうてなあ、真中のええとこへ座った。何ぅしょうるか思うたら、太功記の二段目の本能寺が始まった。見ょうたところが、その光秀が攻めて来たんじゃなあ。そこへ蘭丸の弟の力丸が、「ご注進、ご注進、様子はいかに」いうて、「ご油断あるな、兄者ひと。武智光秀は、わが君に多年のうらみ参ぜんと、手勢そぐって四千余騎、してさも、五郎はじめとし、あるいは佐藤内蔵助、築地間近く押し寄せて候」

いうて言うたんですんじゃ。そねえしたら、婆さんが、しゃらっと立てって、見物人の中で、「もしもし、その四千よきの中に、うちの爺さんの斧はなかったかいなあ」

（話者・二宮ちか）

さて、『なぎの民話』の刊行後の話の中で出されたことに、「奈義町で自慢できるものが横仙歌

舞伎だけでは寂しい。もっとほかにないのだろうか」「せっかく民話集を作ったのだ。さんぶ太郎を加えることはできないか」などの会話の中から、今回のさんぶ太郎の調査・研究が始められることになった。

「京都まで三歩で行った三歩太郎と呼ばれる巨人が奈義町にいたんだ。那岐《なぎ》連峰を泥で造り上げたのもそうだ。ご飯の中に入っていた石を、箸でつまんで投げ出した。その石の周囲が四十五メートルもある」などと、自分の町の紹介をしたらどうだろう。

横仙歌舞伎やさんぶ太郎は、奈義町住民にとってのアイデンティティである。

今日、東京一極集中（岡山市一極集中）が進み、農山村、農林業は疲弊がはげしい。どこの自治体も、どうやって地域を守り、地域興こしをするか、真剣に考えているところだ。

奈義町は、平成の大合併の中でも、合併しないで地域を守る努力をし、福祉や教育に力を注いでいるという。そんな町にふさわしいのが、さんぶ太郎ではないだろうか。

町民が自分の町に自信と誇りを持ち、大きな力を発揮して町づくりをすすめる。町興こしのシンボルとしてさんぶ太郎が求められていると考えられる。

さんぶたろうこぼれ話①

松村　謙

その一　五色《ごしき》の玉《たま》とさんぶたろう

巨人さんぶたろうの生い立ちについては、さまざまに伝えられているが、民話・伝説では、人間の男と大蛇《だいじゃ》（蛇精）との間に生まれたといわれている。たろうの両親の出会いと別れを要約すると概ね次のようなものである。

「実兼《さねかね》という男が、蛇淵《じゃぶち》で出会った女との間に太郎丸《たろうまる》（後のさんぶたろう）という子をもうけたが、太郎丸《たろうまる》に乳をやるところを見てはならぬという女との約束を実兼《さねかね》が破ったため、女は父子の元を去った。」

その後、実兼《さねかね》は女を追って再び蛇淵《じゃぶち》をおとずれるが、そのときの場面について、奈義町《なぎちょう》教育委員会が昭和60年に発行した『さんぶ太郎考《たろうこう》』（奈義町《なぎちょう》教育委員会資料7）所収の「蛇淵《じゃぶち》の伝説《でんせつ》」「三穂太郎記《さんぶたろうき》」には次のように記されている。

『蛇淵《じゃぶち》の伝説《でんせつ》』（※1-1）

「実兼《さねかね》は太郎丸を抱いて奈義川《なぎがわ》の淵にかけつけた。霧は深く山々は鳴動してふと見ると向こうの山を八巻きした大蛇の姿が眼にうつり。その顔だけは彼女であったという。太郎丸が泣き乍ら指差す滝壺の中には、赤黄青白紫の五色の玉が浮かんでいた。」

『三穂太郎記《さんぶたろうき》』（※1-2）

「其時、ふしぎや滝つぼの水中より、青黄赤白紫の五ツ色あざやかなる一ツの玉うき出たり、…中略…さては母が心を込し此玉は、我子へたまものたまわりし・・・」

とあり、さんぶたろうは母（大蛇）から五色の玉を授かり、玉の力でぐんぐん成長することになる。

五色の玉については諸説考えられるが、玉の色が赤・黄・青・白・紫と表現されていることから、一般的には陰陽五行説にいうところの宇宙を構成する五つの基本要素（エレメント＝木火土金水）の流れ「五行」を表すと考えられる。（身近な例では、神社の五色の吹き流しや旗など。紫色は古式では黒に置き換えられる。）

母（大蛇）から子（巨人さんぶたろう）へと、不思議の力が受け継がれたことを象徴的に表しているのかもしれない。

※1-1・1-2：『蛇淵《じゃぶち》の伝説』『三穂太郎記《さんぶたろうき》』ともに原本不明。なお、『三穂太郎記《さんぶたろうき》』については、民話さんぶたろう研究実行委員会の調査を通じて、平成27年に本文を撮影した写真が発見されている。（茅野弘文《ちのひろふみ》氏蔵）昭和30年代に撮影したものと考えられ、挿画や筆のタッチの違いから、『さんぶ太郎考《こう》』所収のものとは異なる写本（または原本）と推測される。

その二　空飛ぶ仙人さんぶたろう

江戸時代の地誌『東作誌《とうさくし》』には、巨人さんぶたろうのモデルとされる菅原三穂太郎満佐《すがわらさんぶたろうみつすけ》の生涯について次のような記述がある。（※2-1）

満佐、改兼実号三穂太郎名木山城主妻者豊田右
馬頭女有子七人菅家七流之祖也。
満佐其性質太ダ魁偉而博学外祖藤原千方之飛化
術常登干名木山修伝事妖怪飛行或云播州中山村
佐用姫明神通妻妬而殺満佐干時天福二年甲子九
月十五日満佐五十二才也満佐屍解飛去数仙不知
其終干今祀其霊豊田庄氏神矣関本亦三穂太明神
之宮祠則祭日九月十五日也

ここでは、満佐《みつすけ》は菅原道真の子孫で三穂太郎《さんぶたろう》と号し、名木山《なぎさん》（那岐山）に城を構え、豊田《とよた》右馬頭の娘との間に七人の子をもうけ、飛行の術を自在にあやつった異能の人であったとされている。

また、文中の「屍解」は「尸解《しかい》」のことであろうと推測される。

「屍」と「尸」はどちらも音通で人間のしかばねをあらわす漢字であることから、尸解とは死後、肉体を持ったまま仙人になることである。（※2-2）

一般に流布している民話では、死後、三穂《みほ》神社をはじめとする近在の社にこうべ（頭）、かいな（肩と腕）、あら（胴体）が祀られたことになっているが、この伝説では、仙人になり、いずこともなく飛び去ったとされている。

巨人さんぶたろうは、実は空飛ぶ仙人だったのである。

※2-1：『東作誌《とうさくし》』
正木兵馬《まさきひょうま》輝雄《てるお》著。文化12（1815）年成立。著者の正《まさ》木《き》輝雄《てるお》は津山藩士であり、元禄《げんろく》4（1691）年成立の地誌『作陽誌《さくようし》』（江村宗晋《えむらそうしん》撰：長尾隼人勝明《ながおはやとかつあき》編。美作国《みまさかのくに》の西6郡のみで未完に終わっている）を補うため、東6郡（東《ひがし》南条《なんじょう》、東北条《ひがしほくじょう》、勝北《しょうぼく》、勝南《しょうなん》、吉野《よしの》、英田《あいだ》）の地誌として編纂された。異本が複数存在するが、本稿では『新訂作陽誌《しんていさくようし》』第6巻（作陽新報社《さくようしんぽうしゃ》刊、1975年）のものを参考にした。

※2-2：

東晋の神仙思想家葛洪《かっこう》（283～343）は『抱朴子《ほうぼくし》』という書の中で、『仙経《せんけい》』にいうとして、「上士は飛挙して虚空にのぼる。これを天仙という。中士は名山に遊ぶ。これを地仙という。下士はまず死んで、そののち蛻く。これを尸解仙という。」と述べ、いったん死んで亡骸を脱ぎ捨てた後、しばらくして再び肉体を取り戻して復活することで不老不死になった者を「尸解仙」としている。

内篇20篇、外篇50編からなり、内篇では主に仙人になるための理論と実践が述べられている。

第二章

さんぶ太郎・巨人・大力者・桃太郎

立石 憲利

オオタカ

一　さんぶ太郎の伝承

（一）さんぶ太郎の物語

さんぶ太郎の伝承は、『白玉拾《しらたましゅう》』や『東作誌《とうさくし》』などの文献にも残されているが、ここでは、口承でどのように伝えられてきたかを明らかにしたい。さんぶ太郎の話を収載している多くの出版物は、直接伝承者から聞いたものではなく、それまでの資料を少し変えたり、再話、再創造したようなものが多い。口承と思われるものは、伝承者が記載されたりしたもので、それを選んで検討することにした。

これまでよく知られているのは、『奈義《なぎ》の伝説』（高《たか》村継夫《むらつぎお》編　一九七一年、奈義町教育委員会発行）に収載されている「さんぶ太郎」である。これは『なぎの伝説』にも転載されている。本書では、『三穂太郎記《さんぶたろうき》』の形成に最初に引用されているので、ここでは省略する。

さんぶ太郎の誕生や死について伝承している話を次に伝承資料として揚げるが、それらについて少し解説をしておきたい。

「①三穂太郎」は、『奈義の伝説』の話を少し簡単にし、後半部分に伝説地をいくつか紹介しているのが特徴である。この話が収載されている『吉備の伝説』の著者、土井卓治が高村継夫から話を聞いたものではないかと考えられる。そこで『奈義の伝説』と内容が似ているのだろう。

「②サンボ太郎」は、旧柵原町《きゅうやなはらちょう》の草苅美知夫《くさかりみちお》が語ったもので、①の菅原実兼《すがわらさねかね》ではなく、「豪族の有元様《ありもと》」となっている点が異なるが、内容は、①を簡潔化したものである。

③は、落合《おちあい》高校生の調査した『那岐山麓《なぎさんろく》の民俗』に収載されているもので、調査は一九五六年である。伝

承者は、小坂筑太郎で内容は『三穂太郎記』を少し簡潔にしたもの。短歌も多く記されているので、『三穂太郎記』を見ながら高校生に語ったものではないだろうか。短歌も『三穂太郎記』と言葉が少し異なっているが、筆記する際に間違えたものだろう。この調査には、筆者も参加していたが、別の項目について調査していた。

④は、岡山市の幡《は》多《た》小学校ＰＴＡが、県立大学の三《み》宅《やけ》忠明《ただあき》教授の指導を受けて奈義町の調査をした報告書に収載されている。話者は、高村継夫、森安護《もりやすまもる》、畝原《うねはら》三好の三人で、三宅がそれをまとめたもの。これも『三穂太郎記』に近い内容で、短歌も何首か入っている。

⑤は、昭和三十八年に、岡山民話の会が調査したもの。話者は高村継夫ら四人。内容は『三穂太郎記』を簡単に筋だけ語ったもの。

⑥は、勝央町《しょうおうちょう》岡《おか》地区の伝承。同地区にある三穂太郎の金玉の跡を説明する前に、三穂太郎の出自を簡単に述べたもの。

⑦は一九三七年刊の『郷土の伝説と名物』に収載されているもの。

応募者の中村卓市は、南和気村《みなみわけそん》（現美咲町《みさきちょう》・旧柵原町）である。三穂太郎の父が領主の有馬《ありま》様で、盆踊りで美しい娘を見染め、ついに結ばれるというところが他と異なっている。

⑧は、旧勝田町《かったちょう》梶並《かじなみ》の長畑勝美《ながはたかつみ》の伝承。『三穂太郎記』の内容を簡単に語りにしたもの。太郎が金の玉ですくすく育ったというところで終わっている。

⑨は、⑧と同じく梶並の鎌周作《かましゅうさく》の語ったもの。内容は筋だけだが、えらい侍が菩提寺に眼病快癒を祈って日参のとき、美しい女と出会い、女が心願の手伝いをしてくれる。二人が結ばれて生まれるのが三穂太郎。

以上、昭和期の伝承を見てきたが、内容的には大きな差がないといえるだろう。話者として、高村継夫がしばしば登場しているが、町外の者が民話の調査に入ろうとすると、よく知っている高村を紹介されるからである。筆者も高村氏を頼って、民話の調査を行った。

そんな関係もあって、よく似た話になるのだろうか。いずれの話も、男女が結ばれ太郎が誕生するところと、死に関することが中心で、太郎が何をしたのかが抽象的ではっきりしない。これは『三穂太郎記』も同じである。太郎は、地元でどんな仕事をしたのかが少し詳しく記されていれば、人々にもっと親しみが持たれただろうにと思う。

（二）さんぶ太郎の物語資料

1　三穂太郎《さんぶたろう》

勝田郡《かったぐん》奈義町《なぎちょう》の有元家《ありもと》は菅家後裔で、その家系図に三穂太郎満佐《さんぶたろうみつすけ》がある。

昔、日本原《にほんばら》の地に、菅原実兼《すがわらさねかね》という人が住んでいて、ある日、菩提寺《ぼだいじ》に参ったとき、このあたりでは見たこともない美しい娘に出会い、一目で心を奪われ、とうとう夫婦の契りを結んだ。やがて男の子が生まれ、太郎と名づけてかわいがった。ところが妻は、太郎を出産するときも、乳をやるときも、部屋に閉じこもり、決して中を見るなと頼んだ。実兼も、最初のうちはその約束を守ったが、ある日、我慢できなくなって、とうとう部屋の中をのぞいた。そこに見たのは、部屋の中に大蛇がいっぱいに巻き、真中に太郎を抱いて乳を飲ませている姿であった。

妻は、正体を見られた以上ここにいるわけにいかないと、山の奥へとんで行った。残された太郎は、乳がないので泣き叫ぶ。実兼は困り果てて、妻の行った那《な》岐山《ぎさん》の山のほうへたずねて行った。蛇のすんでいるという蛇淵《じゃぶち》に行き、呼んだ。蛇が現れて、五色の玉をくれ、これを太郎になめさせて育ててくれといって姿を消した。

太郎は、五色の玉をなめて成長し、大男となり、那岐山を城としてたいそう栄えた。都にもつかえ、那岐山と京都の間を往き来していた。この間を、三歩で歩いたので、サンボ太郎の名ができたという。

三穂太郎は、小菅《こすが》という娘を嫁にもらい、子どもも生まれ、すべてがうまくいっていた。

ところが、三穂太郎は、播州の佐用《さよう》にいる美しい娘、小夜姫《さよひめ》とも恋仲になり、通っていた。小夜姫は、太郎の愛を独占できない不満のあまり、あるとき、太郎の草履に針を差し込んだ。それとは知らず、帰っていると、針が体にささった。鉄の毒によって、太郎は稲妻になって昇天した。遺体は頭は関本に、胴体は西原に、右手は勝田町《かったちょう》梶並右手《かじなみうて》になど、日本原一帯をおおった。それが腐って、現在、黒ぼこという真黒い土になっている。

三穂太郎は、大きな男で、那岐山の頂上に腰をかけ、瀬戸内海で足を洗ったというほどであった。

三穂太郎の足跡といわれるものも各地にある。宮内《みやうち》の那美池《なみいけ》、柿《かき》の峪谷《さこだに》、西原《にしばら》のあと田など。

中島西にある金玉淵は、三穂太郎が那岐山と八塔寺《はっとうじ》山（和気郡吉永町《わけぐんよしながちょう》）をまたいだとき、金玉があたって淵になったという。

滝本には、三穂太郎が飯の中に混じっていたのをはさみ出したという石があった。今は、墓石の台になっているという。

蛇淵の下に、三穂太郎の食べるいりこに混じっていたという石もある。

三穂太郎が力試しに、山を一荷にして担いだところ、もっこの緒が切れてできたのが、双子山《ふたごやま》（英田郡作東町《あいだぐんさくとうちょう》粟井《あわい》）であるという。


（出典『吉備の伝説』）

2　サンポ太郎

昔々、奈義《なぎ》（勝田郡《かったぐん》）の地方に勢力のある豪族の有元様《ありもと》という人があったそうな。その人が、ある日、菩提寺《ぼだいじ》（奈義町《なぎちょう》）に参ったところが、本当に見目うるわしい、きれいな女の人を見付けまして、ぜひ奥方にということで、いろいろと拒まれたんですけど、あまりにも強くお願いしたために、女の方のほうが折れて、とうとうお嫁に来られたそうな。

そうしたところが、二人は仲むつまじく暮らしておったんですが、一年、二年たっとりますと、玉のような男の子が生まれたそうな。そうして、男の子はすくすくと大きくなりまして、普通の体ではないような、ぐんぐん大きくなって、立派な子どもになったそうな。

それで、夜でも子どもが泣きかけると、奥方が抱いてあやすと、すぐに泣くのを止めるというようなことで、非常に元気にすくすくと大きゅうなっておったそうな。

ある日、有元様が所用があって遠出をされまして、夜帰って来て、ひょっと奥方の部屋を覗いて見ると、子どもが大きな白い蛇と遊んでおったそうな。それで、有元様はびっくりして、それでも黙って、そのまま、その晩は過ごされて、明けの朝になったとき奥方が青い顔をして来られて、

「夕べ、私の正体を見られましたなあ」

というたんで、嘘も言えんので、

「見た」

ということを言いましたら、

「私の正体を見られたら、もう私はあなたの側へおることが出来ませんので」

というて、高円《こうえん》（奈義町）の奥の蛇渕《じゃぶち》の中へ入ってしまわれたそうな。で、有元様は、子どもが泣くので、子どもを連れて蛇渕に母親に会いに行かれて、母親が出て来て、

「子どもが泣くようにあったら、これをしゃぶらせてください」

といって玉をくれたそうな。それをしゃぶらせると、子どもは泣き止んで、だんだん大きくなったそうで、そえで、子どもが大きくなって普通の人よりも倍も丈（身長）が伸びて、そうして、非常に丈夫な、元気な若者になったそうな。

そうして、これは力持ちで、ある日、ご飯を食べておりましたら、ご飯の中へ石が入っておりましたので、

それを口からぷっと吹き出したものが奈義町滝本《たきもと》にあるそうです。

京都へ行くのにも、ここから三歩で行けるということから、名前はサンポ太郎という名前になったということです。

そうして、非常に力持ちで、ところどころの土木工事をしたんですが、もっこへ泥を担いで運んでいるとき、もっこの緒が切れて、その土がこぼれたところが双子山《ふたごやま》（作東町《さくとうちょう》粟井《あわい》）になったそうです。

それから、奈義と是里《これさと》（吉井町《よしいちょう》）にふんばって、ちょうど南和気《みなみわけ》（柵原町《やなはらちょう》）の向こうの連石《れんじゃく》（柵原町）というところへ、金玉がすれたので金玉の跡があるといわれておりますが、それくらい元気な、力持ちの人になったそうです。

（話者　草苅美知夫《くさかりみちお》　出典　『やなはらの民話』）

3　三穂太郎の傳説

昔、三穂太郎満佐《さんぶたろうみつすけ》という人があり、この地に多くの伝説を残している。彼の生い立ちと伝説は次のようである。

昔菅原実兼《すがわらさねかね》という人がいた。あるとき、菩提寺《ぼだいじ》に参る途中非常な美人に出合った。彼は一目みてこの女が大いに気に入り、ぜひともその女を嫁にほしいと、附近の蓮光寺《れんこうじ》の住職長光房《ちょうこうぼう》（今も屋敷名として残っている）のところへ行き、仲人をたのんだ。

彼は美人にあった時、恋歌を作った。「春ほどに見る花なれど今年より、咲き初めたる心地こそすれ」又長光房に頼むときにも「さしも知れ、涙の川の渡守こぎゆく舟にまかす心を」と詠んだ。そうして、長光房がひきうけると、「枝たかき花の梢を、折らばおれおよばぬ恋もなるとこそ聞け」と詠み、長光房に十分頼んで帰った。そこで、長光房は姫（美人のこと）のもとへ行き、実兼の歌を見せ、姫の返事を待ったが、姫は彼の申し出を辞退した。そこで、長光房は次のような歌を詠んだ。「いいすてる言の葉までに、情けあり、ただいたづらにくちはつる身を」姫は彼の歌に対し、「心こそ心もよわず心なり、心に心、心ゆるすな」と詠で返えした。この歌を持ち帰えり、実兼に見せると、「恋すれど人の心の解けぬには、結ばれながら帰える玉章」と彼の心境を歌にした。又長光房はこの歌をもって、姫のもとへ行き見せると、姫は「恋ゆるとも、主ある人はとけまじき、結びの神のゆるしなければ」と書いて長光房に渡した。実兼にこの歌を見せると、彼はたいそう喜んだ。しかし、姫はいつも、夕方になると、どこかに姿を消してしまった。これ以後も二人は、長光房を仲介人として、歌を詠みあった。

そうしているうちに、月日もたち、ある日二十三日の夜忍んで行くという手紙を、実兼は受け取った。喜んだ実兼は、菩提寺に参り又長光房にも、お礼を渡した。そうして、二三日して、式をあげた。その時、実兼は「うれしきも、辛きも同じなみだにて、あふよも袖はなおも乾かじ」姫は返して、「かりそめのしののおざさのひとふしに、つゆかかりきと人に語るな」とよんだ。

しかし、式は上げたが、姫の方が故ある身であるとて、彼の家に通っていた。そうしているうちに子供が出来、名を太郎丸とつけた。しかし母親はなおも子供をつれて、七日ごとに通っていた。幾月か経ったある日、母親は次のような歌を自分の住居に書き残して去っていった。「恋しくば、那岐《なぎ》の谷川住む身なり、変る姿も人目多なる」ちょうど母親が去っていったころ、実兼は妻に用事がありその住居に出向いて行った。すると、太郎丸が「母恋し、母恋し」と泣いていた。

おどろいた実兼は、太郎丸をだき、妻の後を追って蛇淵《じゃぶち》まで登ってみれば、昨日の姿はどこへやらすさまじい大蛇と化して、鉢巻山《はちまきやま》を八捲もしていた。(ここから鉢巻山の名が出たという)実兼をみると、大蛇はいそいで滝壺深く身をしづめてしまった。しばらくすると五色の玉が浮び出た。大蛇はそれを取り上げ、太郎丸に渡し、再び水底深く沐んでいった。実兼は大いに悲しみ、歌を一句よんだ「おそろしき大蛇が淵の水底は、限りもなきの深き谷川」それから何年か経ち、太郎丸もりっぱに成長した。ある時京都の守護職、玄蕃《げんば》の守《かみ》の勅使を蒙り、この地から、京都へ三歩で行ったという。これから、三歩太郎満佐という名がついたが、後三穂太郎満佐と変わったという。その後、豊田修理(西原《にしばら》に豊田《とよた》屋敷と称する屋敷跡が残っている)の娘を妻とし七人の子供があり、美作菅家の祖である。七人の子供は次のようである。

長男、有元《ありもと》太郎佐高《すけたか》・二男、福本《ふくもと》彦太郎佐長《すけなが》・三男、原田《はらだ》彦三郎佐房《すけふさ》・四男、江見《えみ》四馬資行《すけゆき》・五男、垪和《はが》五郎資氏《すけうじ》・六男、弓削《ゆげ》義人虫光・七男、高取《たかとり》七郎種佐《たねすけ》。

満佐は美作《みまさか》の守《かみ》となり、那岐の西の絶頂に城を築いた。その城跡は、東西二十間、南北十五間あった。ふみ台と称する長さ八間、横六間の黒石は今に残っている。又附近には、馬場井戸等の跡がある。こうして、満佐一家は大いに栄えた。

満佐の一族の娘に「すがた」という女がいて、満佐は彼女のもとへ、忍び通っていた。しかし、「すがた」は頼光《よりみつ(らいこう)》とも心を通よわせていたので(西原《にしばら》に頼光と称する地名があり、したがって西原の者らしい)。満佐が忍び通っていることを知った頼光は、或日、そっと満佐の草履の裏に釘を立てておいた。それとは知らぬ満佐が、草履をはくと、足に釘がたちたちまち毒が体にまわり、うめきて雷に異ならずという。(蛇であったため金物がたつとすぐに死ぬ)。このため頼光も砕けて死んでしまったという。時に二月十四日で、那岐山を枕に豊田の庄にのび、たおれ伏し死んだ。この時、諸所に大岩がくずれたという。今の那岐山麓の黒土は三穂太郎の身体がくされて、成ったものであるという。後、「すがた」は尼となり、寺にこもって念仏をとなえて、一生を送った。

なお、「さんぼ」又は「さんぶ」というのは、三歩、三保、三穂、三宝、三方等の文字をあてはめるが皆同じである。この地の三穂太郎満佐を祭る神社は次のようである。

三穂《みほ》神社(関本《せきもと》)岬《みさき》大明神(高殿《こうどの》)杉《すぎ》大明神(豊沢《とよさわ》)

この他三穂太郎に関して土地の人々が語り伝へてい

る事を上げると、次のようである。

1、三穂太郎は、那岐山と、備前の八塔寺《はっとうじ》山とを一またぎにしたという。

2、三穂太郎は那岐山の上にすわって、瀬戸内海で足を洗った。

3、高円《こうえん》の蓮光寺《れんこうじ》の東に、あと岩という巨岩があり、(重さ約一千貫)三穂太郎がかがんで、股の下から投げた石であるという。又これには、彼のわらじの跡が今も残っているという。なお、この岩は、三穂太郎の飯の中に入っていた石を、箸ではさんでほおったものであるともいう。

4、あと田と稱する田が西原《にしばら》にあり、三穂太郎の足跡であるという。昔は足形をしていたが、今は足形はくづれて、跡は解らないという。尚三穂太郎の足跡というのは、大谷《おおだに》(八間四方の溜池)宮内《みやうち》地字道林房《どうりんぼう》及柿《かき》にもある。

5、関本《せきもと》に釜田《かまだ》と称する田がある。昔賊が、三穂太郎の釜を盗み、持って帰っている時、大雨が降り、持帰えることが出来ず、此所に置き捨てて帰ってしまった。故にこの名があるという。

6、小鞠山《こまりやま》という山が関本《せきもと》にある。昔三穂太郎が上京するとき、足から落ちた土がかたまって、此の山になったという。

(話者　小坂筑太郎　出典『那岐山麓《なぎさんろく》の民俗』)

4　三穂太郎

むかし、この奈義《なぎ》の地に三穂太郎という大男がいました。那岐《なぎ》の頂に腰をおろして瀬戸内海で足を洗ったとか、京まで行こうとしたらたった三歩で目的地に着いてしまったとか、いろいろな言い伝えがありますが、三穂《さんぼ》(三歩)太郎という呼び名はこのことから付けられたに相違ありません。ではこれからこの三穂太郎の生い立ちについて語りましょう。

菅原道真《すがわらみちざね》の何代かの後裔で、菅原真兼《すがわらまさかね》という若い領主がこの地を治めていました。ある日、菩提寺《ぼだいじ》に参ってひとりの娘を見染め、それ以来、寝ても覚めてもその娘の面影が脳裡を去りません。それは、この世のものか、天上のものか、はたまた魔性のものなのか、それさえ見まがうほどの美女でした。その娘にはじめて出会ったとき、真兼はまるで金しばりにあったように、身動きも出来ず、口もきけませんでした。やがて迫りくる夕やみの中に娘が姿を消してから、真兼は、はっと我に返りました。ところが娘が着ていた着物の柄も材質さえ思い出せません。ただ、抜けるように白い肌、深い泉のようにみどりを帯びた黒い瞳、ぬれたように光って見える長い黒髪が強く印象に残っていました。やがて、菩提寺で不思議な美女を見たという人のうわさが流れはじめました。しかし、その娘と口を利いたというものはいませんでした。

　真兼は、今度こそ今度こそと思いながら、以後たびたび菩提寺の境内に足を運びましたが、娘は二度と姿をあらわしません。思いは日に日につのるばかりです。真兼は、

　　枝高き梢も折れば折れるらん
　　　およばぬ恋もなるとこそ聞く

と詠み、その他にもいくつかの求愛の歌を境内に残して来ました。やがて、

　　心より心迷わす心なれ
　　　心に心こころ許すな

という歌が返って来ました。真兼と娘はこのあといくつもの恋歌のやりとりをしましたが、二人が会うことはどうしてもかないません。

　思い余った真兼が、

　　思へとも会うことかたき片糸の
　　　いかにいつ迄結はれるらん

の歌のほかに八首を詠みますと、これに答えて娘から次のような判じ物が来ました。つまり「モ」の字と「へ」の字、その下に弓張月と刀の絵があり、その下に「心」という字が書いてありました。真兼はこれを「二十三日の夜忍ぶ」と解し、その日を待ち、ついに思いを遂げたのです。ところが、娘はどうしても自分の素

姓を明かそうとしないばかりか、真兼の屋敷にも同行しようともしません。仕方なく真兼は逢引きだけで満足しようとつとめました。

やがて女は玉のような男を生みおとしました。その子は太郎丸と名づけられ、真兼の屋敷でそれは大切に育てられました。しかし、母親は一日に一度乳をのませに通って来るだけで、しかもその時は奥の一室にとじこもり、決してその姿を人に見せようとはしませんでした。見るなと言われれば、逆に見たくなるのが人の常、真兼とて例外ではありませんでした。はじめのうちこそその気持をおさえていましたが、とうとうある日のこと、おさえ切れなくなってそっとその部屋をのぞいてしまったのです。何ということでしょう。その時の真兼の驚きは、何ものにもたとえようがありませんでした。部屋いっぱいに、見たこともない大蛇がとぐろをまき、まん中に太郎丸を座らせて乳をのませているではありませんか。真兼は思わず驚きの声をもらしてしまいました。正体を見られた母親は、約束を守らなかった、真兼をうらみました。そして、

逢いそめしうれしきことのありてまた
　ならひつらき別れなりけり

と詠み、那岐山《なぎさん》の麓の方に帰って行きました。

その日を境に、太郎丸は何も食べようとしなくなりました。真兼は何としても母親をさがし出そうと、那岐山の麓を何日も歩きつづけました。そして、ついに蛇淵《じゃぶち》のほとりに立ったある夕暮れどき、ごうごうと鳴る滝つぼの中に白銀のうろこを光らせながら、あの大蛇がゆったりと泳いでいるのを発見したのです。真兼は、事情を話し今一度もどって太郎丸に乳をのませてくれないかと頼みました。大蛇は、今となってはそれはかなわぬこと、しかしこれを差上げましょうと言って、不思議な五色の玉を差し出しました。いとしいわが子が乳をほしがったら、どうぞこれを口にふくませて下さいというわけです。そして、しばらく滝つぼの水面を名残り惜しそうに行ったり来たりしていましたが、やがて深い滝つぼの底に姿を消してしまいました。

以後二度とその大蛇の姿を見たものはいないということです。

太郎丸は母のくれた五色の玉をなめてぐんぐん成長し、やがて立派な領主になりました。これがのちの三穂太郎というわけです。

三穂太郎は文武両道にすぐれ、この地方の政治をよくし、人望を一身に集めるようになりました。そのうち那岐山頂に城をかまえ、土地の豪族の娘で豊田姫《とよたひめ》という美女をめとって七人の子をもうけました。

そんな太郎を、もう一人のお姫様が愛するようになりました。播州の佐用姫《さよひめ》です。佐用姫は、妻の豊田姫を愛し、自分の方に気持ちを傾けようとしない三穂太郎をうらみました。そして嫉妬のあまり前後のことも考えず、ひそかに太郎の草履に縫い針をさし込みました。母の血を引く三穂太郎にとって、鉄の毒は致命的でした。その毒はたちまち全身にまわり、太郎は七転八倒の苦しみを味わうことになりました。吐く息は荒く、那岐山麓に嵐を呼び、暗雲が低くたちこめ、三日三晩暗闇がつづきました。さながらこの世の終りと見まがうばかりだったということです。三穂太郎はこうして亡くなりました。那岐山を枕に、足は豊田《とよた》の庄までのびていたといわれます。やがて大雨が降り、那岐山の一角が崩れ、三穂太郎のなきがらも四散しました。なきがらの各部が流れついたところが、今でも地名となって残っています。たとえば、頭は奈義町の関本へ流れつきましたが、そこの三穂《みほ》大明神は一般に「こうべさま」と呼ばれ、文字通り「頭（こうべ）」をまつったものですが、今では受験の神様として、大そうご利やくがあるということです。右手は梶並谷《かじなみだに》へ流れつきましたが、右手《うて》という地名はそのためです。また、かいなは因幡の土師《はじ》へ流れつきました。にゃくいちさんと呼ばれる河野《こうの》神社に手足の型木が奉納されており、神経痛の患部をなでると大そうな効き目があるそうです。そして、血と肉は今でもこの地方をおおう黒土（くろぼこ）となったのです。

（話者　高村継夫《たかむらつぎお》　森安護《もりやすまもる》　畝原《うねはら》三好　再話　三宅《みやけ》

忠明《ただあき》　出典『奈義《なぎ》・幡多《はた》の昔話』）

5　さんぽ太郎

むかし菩提寺《ぼだいじ》へ、一人の美人が毎日毎日やってきていた。それを久常の豪族真兼《まさかね》が見そめて、和尚の永光《えいこう》坊《ぼう》に仲だちを頼んだ。

二人は歌を短冊にしたため、歌のやりとりをした。やがて女はなびいて、判じものを出した。真兼はそれを、「霜月の二十三日の夜、しのんで行く」と解く。そのとおり、女はやってきて、二人は契った。

女はそれからは毎晩やってきた。やがてさんぽ太郎が生まれる。生むとき女は、「見るな」といって、八畳の部屋に閉じこもって生んだ。乳を飲ますときも、「見るな」という。それに、どうしても名を明かさなかった。不思議に思って真兼がのぞいて見ると、女は蛇身であった。女は、

「恋しかったら、滝のとこまで来い」

という意味の歌を残して、去っていく。真兼は後を追うて蛇渕《じゃぶち》までたずねてくると、急に空がかきくもり、滝の中から大蛇が姿を現われて、すぐまた消えてしまった。そのとき大蛇は、自分の片目をえぐって、

「太郎が泣いたら、これをねぶらせて大きくせよ」

といった。（または、あとに、五色の玉が浮かんできた。その玉を持ち帰り、太郎の肌に着けて大きくした）。

太郎は成人して、飛仙の術を身につけて、京へ三歩で往復したという。太郎はまた、この地方をよく治めた。

太郎の下駄の裏の泥を払ったら、「コマリ山」になった。足跡が「あと岩」に残り、「あと田」ともなる。また、カキには、足跡の池がある。キンタマがつかったあとが、「キンタマ渕」「清水《しみず》」となる。二つの山にまたがって、大便したあとが、「センチン岩」となる。那岐山《なぎさん》に坐って弁当をつかったあとが、「レンコウジ岩」「狼岩《おおかみいわ》」となる。

太郎の恋敵の頼光《よりみつ》（らいこう）は、太郎が恋人のところへ行っているまに、そのはきものに毒針を刺しておいた。太

郎はそれに刺されて倒れた。死ぬとき、三日三晩、うなり声が鳴り響き、天地鳴動し、山のないところに山ができ、岩のないところに岩ができた。死体は腐って、黒ボコの日本野《にっぽんの》になったという。

（話者　高村継夫《たかむらつぎお》、高井《たかい》菅一、鷲田《わしだ》基、安藤《あんどう》義郎　採話　昭和三八年　出典『なんと昔があったげな』上巻）

6　三穂太郎金玉の跡

作州《さくしゅう》地方に伝わる巨人伝説の主人公、菅原三穂太郎《すがわらさんぶたろう》満佐《みつすけ》（一一八二—一二三四）は京都まで三歩で行ける巨人であった。太郎は菅原道真《すがわらみちざね》（八四五—九〇三）から十二代目に当たり、作州地方を治めた。

那岐山《なぎさん》麓の菩提寺城《ぼだいじじょう》に居館を構築して、武威を振るっていた菅原四郎仲頼《すがわらしろうなかより》という武士がいた。菩提寺の境内で美女と知り合い数々の恋歌を取り交わした。彼女は名木川に棲む大蛇の化身で、そのうち仲頼との間に一子をもうけた。それが三穂太郎満佐《さんぶたろうみつすけ》である。

その化身は仲頼に素姓を見破られたので、蛇淵《じゃぶち》の底に身を沈め、その淵には五色の玉が浮かび上がった。太郎は母のかたみとして、これを肌身につけ成長した。太郎は成人に成るにつれて、智、仁、勇、万人に優れ、自在に各地で活躍し伝説を残した。太郎が間山《はしたやま》西、塩滝《しおたき》の上に位置する山頂をまたいだ時、金玉が擦れて凹地になり、草木が繁茂せず肌地のままとなった。

この山頂が太郎の金玉の跡とされている。

この話は万人に秀でたひとだったので、神秘な蛇淵の滝に結びつけて、後世作り上げた物語である。

（出典『古を訪ねて岡山地歴史探訪』＝

『勝央の民話第二集』に転載）

7　三穂太郎

昔から美作《みまさか》と因幡《いなば》の國境には大きな山が重なり合ふて連ってゐました。この連山の中に奈岐山《なぎさん》と呼ばれる高い山があります。奈岐山の麓の里には毎年盆踊りがあり、近くの村々から集って來た善男善女がいとも賑かに太鼓の音につれて短い夏の夜を踊り明かすのでした。

この年の夏も例年通りに多くの男女が奈岐の麓に集って楽しげに一夜を踊り狂ふてゐました。そこへこの地方の領主有馬《ありま》様がお微行で踊り見物に來られたのでした。

有馬様は多勢の男女の中に一際目立って美しい娘を見出しました。すんなりと伸びた体、姉様被りの手拭の下に見える色白の顔　しなりしなりと動き移る娘の踊り姿はしっかりと領主様の眼を食ひ止めてしまひました。

一方美しい娘も亦、澤山な踊見物の衆の中に、若くて氣品のある有馬様の男らしい姿をちらっと見るや。思はず顔を紅に染めてしまったのです。

この夜から領主と美女は人目を忍んで甘い戀を囁く仲となったのです。

楽しい逢瀬の幾夜がつゞきました。有馬様はその娘に向って身許をたづねましたが、娘は『又いつかお話いたす時がございます。どうかそれまでは私の身許をお聞き下さらないように……』と答へて、なぜか打ち明けようといたしません。

その後幾年か経って娘は有馬様の胤を宿し、月満ちて玉の様な男の子を産み落しました。有馬様は一方ならず喜んで二人の愛の結晶に太郎と命名し蝶よ花よと愛しみ育てました。

二人の幸福はいつまでも続くと思はれたが、ふとしたことから有馬様は彼女の正体を見届けてしまったのです。それは全く意外なことで、今まで美女と信じてゐたのは、實は奈岐山中に棲む大蛇の化身であったのです。

正体を見られた女は有馬様に『明日奈岐山の中腹にある瀧の所へ來て下さい、お話しいたしたいことがございます』と言ひのこして悄然と山へ帰って行くのでした。

有馬様は翌日太郎をつれて瀧のところに行くと、女は瀧壷の淵の邊りに呆然と立ってゐましたが、有馬様の姿を見ると『私は今まで正体を秘してゐて相済みません、貴郎のお察しの通りのものです。長い間可愛がっていたゞいた御恩は忘れません。どうか太郎を大切にお育て下さいませ。』と悲痛な聲で叫ぶと、そのまゝ身を顫はせて一匹の大蛇となり瀧壷の中に躍り込みました。

太郎はかうした出來ごとも知らずに、すくすくと成長し、しまひには身の丈けが奈岐山と肩を並べるほどにもなり、まさに山を抜く怪力が備はりました。

ある日太郎は自分の力を試さうと近くの山二つをモッコに盛って一荷とし、肩に擔いで立ち上らうとしましたが、その刹那モッコの緒がぷつりと切れて二つの山は並んでそこに落ちてしまひました。

又ある時は力一杯に股をひろげ立ちはだかりますと、片足は吉岡《よしおか》村にあり、片方の足はその隣りの村にあり、中天に睾丸がぶら下ってゐたといはれ、足跡と睾丸の當った跡とは大地がくぼんでしまったと申してゐます。

この傳説にある美女の入水した瀧壷は現在も残って蛇淵《じゃぶち》と呼ばれこの淵に人が入ると忽ち雨を起すと傳へられてゐます。又モッコの緒が切れて落ちた二つの山は英田《あいだ》郡《ぐん》粟井《あわい》村にある双子山《ふたごやま》がそれでなほ睾丸の趾は勝田《かった》郡 南《みなみ》和氣《わけ》村蒔田《まきた》に在り、今でも村人は睾丸の趾と呼び二畝歩ばかりの窪地となってゐます。尚他の地方にも所々に同じ様な名前の土地があり、傳説の巨人を三穂《ほ》太郎と稱してゐます。(三穂《ほ》を三部《ぶ》とも書く)(勝田郡南和氣村中村卓市)

(出典『郷土の伝説と名物』)

8 サンブ太郎

昔、菩提寺《ぼだいじ》(勝田《かった》郡奈義町《なぎちょう》)に実兼《さねかね》という立派な人が住んでおられて、出入りしておられたんですが、あまりに立派な男なので女の人が、つい実兼という人に心が思われて、親しゅうして、長い月日を経っておられた。せえでとうとう若いもんどうしの親しみあいじゃで、ついに夫婦となって、長い月日を経っておったところが、そのうちに小さい赤ちゃんが生まれて、女の方は家で、菩提寺で、それを育って大きくしておられる。その実兼という人は、用事があるでつめて（たびたび）出たり入ったりしておられる。

ある日、実兼という人が家に帰ってみると、その子を中にして、蛇体がぐるぐるっと、それをまん丸うに巻いて寝ておった姿を見てびっくりしたので、びっくりすると、その蛇体はぱっと姿を消して、元の立派な美しい女房になったそうです。ところが一旦姿を見られた者じゃで、どうせ夫婦の縁をいつまでもつなぐことができないと、自分に決心して、実兼という人に、「じつは今日まで夫婦で親しみおうていただいたのじゃけど、元は自分は人間ではないんであきらめてもらいたい。せえで元の棲み家へ帰りたい。しかしながら出来とる子供は、まだまだ乳房を与えねば、これは成長することはできんのでありますで、自分がその棲み家に帰ったら出来なくなるんですけど、それはこの子が十分成長するだけのものは自分が与えるから、自分について来てもらいたい」と言うて、そうして、その女は、わが棲み家の大きな大きな蛇淵《じゃぶち》のとこまで行ったのです。それで実兼という人もいっしょに行って、蛇淵に立っておったところが、女はそこで水煙を立てしたかと思うと蛇体の恐しいもんになって、だあーっとその淵の中に巻き込んでしもうた。そうしてしばらくすると、金の玉をふいっとあげて、それで実兼は急いで拾うて戻って、それをその子に与えると、その子は、非常に好いて飲んで、乳房を与えるのと違うたことはない。大変すくすくと育って立派なもんになって、それが大きくなってサンブ太郎となったという。

（話者　長畑勝美　出典『ほととぎすと兄弟』）

9　三穂太郎

高円《こうえん》（奈義町《なぎちょう》）というとこにえらい侍がおりまして、その人が眼を患うて、そうして高円の菩提寺《ぼだいじ》に毎夜、毎夜、眼病を治してくれえいうことで日参をやりょうりました。ある夜、参る道べ、非常にきれえな女に出会うた。それから、その女は、毎夜導きをしてくれたり、その心願の手ご（手伝い）をしてくれたり、せえで結局、その女というのが蛇淵の蛇の化身だった。

せえで、その蛇が生んだ子が三穂太郎。三穂太郎が教えもせんのに剣術はずばぬけた名人。男は大きいし、力は万人にすぐれた力を持っとった。へえで頭脳のええもんだった。

三穂太郎が最後の時に那岐《なぎ》の山を枕に割腹したもんじゃ。せえで、あのあたりに黒こうになっとる。

（話者　鎌周作《かましゅうさく》　出典『ほととぎすと兄弟』）

（三）さんぶ太郎の伝説

1　伝説の概観

さんぶ太郎の伝説については、『さんぶ太郎考』の中に高村継夫《たかむらつぎお》が「さんぶたろう」の伝承として四十六項目を紹介している。これには『東作誌《とうさくし》』なども含めて、これまでの伝説を一覧にしたものである。

これによって大方の伝説を知ることができるし、その内容も簡潔にまとめられている。

もともと伝説は、それが本当のことであると信じられているもので、そのために証拠品とでもいうべき記念物があることが必要だ。それだけで十分なのだが、実際の伝承の中では、さらに説明を加えて、本当のことだということを強調している。そのうえ、文字や文章が書ける、いわゆる知識人によると、ますますその傾向が強まってくる。

さんぶ太郎の伝説が収載されている本などを見ると、よくも県外にいて岡山県の伝説をこれほどまでに、みごとにまとめることができるなと感心させられることがある。多くは、いろいろな資料をもとに、文章力によって、見てきたように書いたものと思われる。一般読者にとっては、それでよいだろう。

この項では、実際に人々によって伝承されてきたと思われる資料、それも現代における伝説資料を掲載することにした。多くは直接伝承者から採録したものが中心である。

これらの資料と『さんぶ太郎考』の高村のまとめたものを対比して読んでいただければ、伝承の姿を知ることができるだろう。

高村はさんぶ太郎の伝説を、A死に関するもの、B足跡、C食事関係、Dその他——の四つ分類している。筆者は、記念物を中心に、①山、谷、原の伝説②岩、石の伝説③田、池、渕の伝説④神社、屋敷などの伝説の四分類にした。

同じ内容の伝説が複数ある場合には、類話として掲載話のうしろに梗概を記した。

これら伝説をみると、ほとんどが、さんぶ太郎の大男、大力ぶりをよく表わしたものになっている。とくに数多く採録されていた、「ご飯、むすび、いりこの中の石」は十一話（類話も含め）にも達する。34「むすびの中の石」では、「大人が何人も手をつなぎ囲むほどの大きな岩」が、さんぶたろうのむすびの中に入っていて、口から吹き飛ばしたものと伝える。これだけで、さんぶ太郎の巨人ぶり、大力ぶりが何も説明されなくても、よく分かるというのだ。

さんぶ太郎は、このように大男、大力だったが、残された記念物には、人々の直接的に役立つものはほとんどないという特色がある。宮内《みやうち》の那美池《なみいけ》も、池を造る目的で太郎が足跡をつけたわけではない。強いて言えば、「1中国山脈」「40三穂太郎《さんぶたろう》の橋石」ぐらいなものである。「中国山脈」は、岡山、鳥取両県の者が国境で喧嘩をしていたので、それを止めるため太郎が泥で中国山脈を築いたという話。「橋石」は、大力持ちの吉《よし》光黒兵衛《みつくろべえ》が架けたというのが一般的で、「三穂太郎が架けたともいう」となっていて、主伝承ではないようだ。「65箸立木と飯の中の石」は、吉備中央町《きびちゅうおうちょう》で聞いたもの。奈義町在住の祖父母が、孫の子守りにやってきて話したという。さんぶ太郎と木など植物の伝説は初めてで、菩提寺の大イチョウが飯を食べていた時の箸立木だという。法然上人《ほうねん》の伝説が、さんぶ太郎に入れ替わったものと考えられるが、明治初年生まれの話者の伝承だから特におもしろい。

（四）『さんぶ太郎考』収載の伝説

（「さんぶたろう」の伝承）

（A）「さんぶたろう」の死に関するもの

（1）「さんぶたろう」が吹く、北風がつよく吹き出すと「さんぶたろうが吹き出した」とかつて言った。八章にしるしたように彼が死にあたり、あえいだ息という意味であろう。一の章にも記したことも参照されたい。

（2）那岐山《なぎさん》麓一帯の特にくろいくろぼこ、さんぶたろうが奈義《なぎ》山頂で死、その血や肉が山麓をおおいくろぼことなったのだが、そのために特に黒いのである。（八章参照）

（3）「じやがたに」または「ちあらいのたに」「さんぶたろう」が死にあたり奈義山の一角がくずれたあとという。

一説には鎌倉山城《かまくらやまじょう》の北方でこの地で戦いがあり、その血をあらったために「ちあらいのたに」というともいう。

（4）山麓の諸所にある巨石、「さんぶたろう」の死にあたり奈義山がくずれとびちった石という。

（5）「さんぶたろう」が死にその屍体が四方にとびちった。これをまつったところ、

イ　こうべさま、関本三穂《せきもとみほ》大明神、頭の部分、

ロ　あらせきさま、西原荒関《にしばらあらせき》明神、「さんぶたろう」のあら（胴体）が流れついたこれをまつる。

ハ　にやくいちさま、鳥取県智頭町《ちづちょう》、「さんぶたろ

う」の肩の部分をまつったそのため肩や手の病気にきく。

ニ　右手《うて》大明神、梶並《かじなみ》右手《うて》の産土神、三穂太郎勝《さんぶたろうかつ》正《まさ》の右腕を祭る。三穂太郎の父は源氏の落ち武者近藤武者是宗《こんどうむしゃこりむね》（勝田町伝説俚言集より）

（6）よりみつ、地名　西原頼光《にしばらよりみつ》　さんぶたろうの恋敵　頼光《よりみつ（らいこう）》のいたところ。

（7）豊田《とよた》屋敷、西原、西原の西部　柿《かき》へ越す古道の谷頭地、さんぶたろうの妻　小菅戸《こすがど》のいた豊田氏の住居地と伝う。

（8）さんぶたろう屋敷。

イ　奈義山《なぎさん》頂（東作誌《とうさくし》　前出）

ロ　是宗川《こりむねがわ》上流　是宗城《こりむねじょう》（細尾城《ほそおじょう》）の北方人形石《にんぎょういし》より戌亥《いぬい》の山頂（白玉拾《しらたましゅう》　前出）

（9）さんぶたろうのせっちん岩

イ　奈義山《なぎさん》頂三穂太郎《さんぶたろう》屋敷跡巽の方に井戸あり南の方に厠と言うものあり踏み石両方長さ八間横六間の黒石なり（東作誌高円《こうえん》の章）

ロ　是宗《こりむね》の奥の谷間に岩がかたまっている。さんぶたろうが両側の稜線にまたがり排便したあと。

（10）さんぶたろうは三歩でみやこまで行ったので三歩太郎という。

（11）なぎ山の頂に腰を下ろして瀬戸内海で足を洗った。（岡山の伝説）

（12）奈義山の上に腰を下ろして因幡《いなば》の賀露《かろ》の浜で足を洗った。

（13）奈義山と備前の八塔山《はっとうさん》（和気《わけ》郡吉永町《よしながちょう》）とを一またぎにした。

（14）奈義山をまたいだときふぐり（陰のう）がふれて山頂の一分がへこんだ。（岡山の伝説巨人の章）

（15）奈義山と八頭寺《はっとうじ》山を一またぎにしたさんぶたろうのきんだまで淵ができた。（中島西津山《つやま》渡瀬の北方の淵　現在河川改修のためなくなった）

（16）きんたま池、滝本《たきもと》八軒屋《やけや》、現在は約十坪ほどの小池であるが相當つよい湧水があり、旱魃時にも決してかれることがないといい伝えられている。さんぶたろうのきんたまで池ができたという。しかしこの池より南方にわたりかつては窪地となり、沼澤乃至湿地帯であったようである。

(17) 津山市瓜生原《うりゅうばら》 さんぶたろうのきんたまによってできたといい、山の斜面に禿地がありきんすりという。

(B) 次にあげるものは「さんぶたろう」のあしあとに関するものである。

(18) 滝山《たきやま》の四方に樹木のあまりはえぬところが「さんぶたろう」の第一歩である。(勝央町植月《しょうおうちょううえつき》地方伝説)

(19) 植月長良池《うえつきながらいけ》の南方に巨石ありこれに足あとの形の凹みあり、これが「さんぶたろう」の第二歩目のあとである。(勝央町植月地方伝説)

(20) 三穂太郎《さんぶたろう》足形地字道林坊《どうりんぼう》に在り、二十間四方(東作誌宮内《みやうち》の章)現在那美池であろう。

(21) 三穂太郎足跡逧谷《さこだに》にあり、八間四方の溜池を云う、夏冬とも水あり。(東作誌柿《かき》村章)

(22) あと田、西原《にしばら》の南方、柿に接する谷間の田、五畝ばかり足形様の形をしていたが現在は田の整理によってその形はわからない。「さんぶたろう」がみやこへ上る時の第一歩の足あと田と云い伝う。

(23) 勝北町安井《しょうぼくちょうやすい》に「さんぶたろう」の足跡田あり。(岡山の伝説三穂太郎の章)

(24) 足形石《あしがたいし》、綾部《あやべ》村熊井谷の内西畑に在り、三穂太郎の古跡と云う(東作誌)

(25)「さんぶたろう」の足形、荒内西新池《あらうちにししんち》の東方、むかしくぼみあり、ここを「さんぶたろう」のあしがたといった。現在は水路の工事などによりほとんどかたをとどめない。

(26) 小鞠山《こまりやま》、里俗曰三穂太郎《さんぶたろう》上京のとき草履より落ちたる土塊まりて此山に成りたりと。(東作誌関《せき》本《もと》村の章)

(C) 次にしるすものは、食事関係のものである。

(27) 西原字細田《ほそだ》の川の中の巨石、「さんぶたろう」

の飯茶碗の中に入っていた石という、高さ横ともに二、〇m以上。

(28) 勝北町こえがたわの奥津川《おくつがわ》よりの地点、牛よりやや大きいくらいの石、「さんぶたろう」の飯行李の中に入っていたものという。

(29) 滝本《たきもと》字長谷《ながたに》、一抱以上もある表面が滑らかな石、「さんぶたろう」のおかゆの中に入っていた石といい伝えていた。現在は某家の墓の台座となっている。

(30) 高円蛇淵《こうえんじゃぶち》の南方川端の大石、「さんぶたろう」がいりこをたべるとき吹いたので椀の中からとび出した石。

(31)「さんぶたろう」のお櫃石《ひついし》、元近藤《こんどう》の久保田《くぼた》にあった。人の身長位も高さがあり飯をすくうしゃく子のあとがあった。那岐池《なぎいけ》構築のとき石垣用に砕石された。

(32)「さんぶたろう」の飯茶碗の中に入っていた石、奈義山大神岩《なぎさんおおかみいわ》の下方黒石、雨のときその下方に入りさけることができる。

(33) 釜田《かまだ》、昔賊ありて三穂太郎の釜を盗帰る所俄に大雨降って持帰ること能はず此所に捨置、故に釜田と云ふ、其釜今に土の中に存すると云伝ふ。
(東作誌《とうさくし》関本《せきもと》村の章)

(34) 右手奥《うておく》の坂立石《さかたていし》に腰をかけひるめしをたべはじめたところべんとうの中に小石があったのではしにはさみ投げすてたのが向かい側の奥の坂に落ち地面にくい入りとまったもの。

(35)「さんぶたろう」のいりこの中に入っていた石、勝央町《しょうおうちょう》曾井《そい》の大岩《おおいわ》、この地の小さい田の中に大きい石あり、「さんぶたろう」のいりこの中に入っていた石といい伝えまたこの大きい岩によって部落の名ができたといいつたえる。

(D) その他

(36) 作東町粟井《さくとうちょうあわい》の双子山《ふたごやま》、力試しに二つの山を一荷にしてかついだところもっこの緒がきれて双子山となった。(岡山の伝説)

(37) 十王堂《じゅうおうどう(じおうどう)》、路の傍に在り三尺四方の小堂なり、凡て此の辺間山のもの多し十王の像甚ものふけて至古のものなり土中より穿出す所の大像なり丈八尺許り土中の根入不可量と云ふ伝に云ふ三穂太郎負ひ来りて此所に落としたけれども不知して過る、爾来爰に在とも云ふ。又或は河中に光物在って或人霊夢を蒙りて穿出安置すとも云ふ。銘あり康暦二年庚申二月二九日子時立願主敬白円仏建となり康暦は人皇代円融帝御宇足利義満代なり文化癸酉迄四百三十五年。(東作誌岡《おか》村の章中)

(38) 疣池《いぼいけ》、観音堂《かんのんどう》の傍川端にあり岩に孔有りて水石底より涌出す。三穂太郎が杖の跡と云伝ふ是に精米を入て其水を以て疣を洗へば忽ち落ちると云ふ而して又涌出る水を求めしむ。(東作誌真加部《まかべ》村の章)

(39) イボ池おそらく前述のものと同じと思へるが勝田町伝説俚言集第一集にでている。余野《よの》と真加《まか》部《べ》の境界梶並《かじなみ》の水中にある。其経一尺位の丸い穴があり砂などで深さは判らぬ、三穂太郎の杖の跡といいイボ池様の石を借りてきてイボをさすりなおったら石三個をお禮にして返すという。

(40) 杖《つえ》の跡石《あといし》、国ヶ原《くにがはら》に有り三穂太郎の古跡と云ふ、往来の傍に在り。(東作誌綾部《あやべ》村の章中)

(41) しおの下さま、「さんぶたろう」が牛に乗ってふもとからかつぎあげたと伝える、高さ一〇mぐらいふもとの石に牛のあし形あり。(勝田町《かったちょう》伝説俚言集)

(42) 三穂太郎《さんぶたろう》飛礫石《つぶていし》、和田《わだ》村の界、本幹と云井手にあり経り八尺余りの大石なり。(東作誌小吉野《こよしの》庄《しょう》 矢田《やた》村の章)

(43) あといわ(跡岩)、連光寺《れんこうじ》の奥にあり、長八尺横七尺厚五尺の黒岩なり人の足跡(八、九才童子の足跡の如し)駒の足形あり、三穂太郎諾山《なぎさん》よりあとむきに投げたるより名ありと云ふ。(東作誌関本《せきもと》村の章)

(44) さんぶたろうのちんぽ石、広岡《ひろおか》の大谷池《おおたにいけ》の北方、あたごさまの上の方にあり、約一m高の石、男根に似ている。

(45) 蛇淵《じゃぶち》、さんぶたろうの母はこの淵の主であった。

(46) はちまき山《やま》、さんぶたろうの父さねかねがもう一度乳をもとめて大蛇をもとめて行ったとき誓いを破って正体を見たことを恨んだ大蛇がこの山を八巻して怒りの姿を見せた。（能畝山《とかりやま》）

（五）さんぶ太郎の伝説

〈一〉山、谷、原の伝説

1 中国山脈

岡山県と鳥取県の者が、国境のことで、いつも喧嘩をしていたので、それをとめるのに、三穂太郎が泥を持ってきて置いたのが、今の中国山脈である。

（出典『四年生』）

2 小丸山《こまるやま》

関本《せきもと》にある。通称こもり山といわれる。

さんぶ太郎の草履の裏に付いていた泥が落ちて出来たと伝えられていて、こんもりとした丘になっている。三穂《みほ》神社のお旅所で神社から七、八百メートル離れている。

今でも三穂神社（頭様とも呼ばれる）の秋の大祭の折には、必ず獅子は小盛山《こもりやま》で神主さんからお祓いを受けた後、村中へ繰り出す。

（出典『なぎの民話』）

類話1　都に上る時、草履についていた土が落ちて山になった。小丸山。（出典『奈義の伝説』）

類話2　類話1とほぼ同じ。小マリ山。（出典『四年生』）

類話3　類話1とほぼ同じ。小鞠山。（出典『那岐山麓の民俗』）

3　八巻山《はちまきやま》

さんぶ太郎の母が、その正体を知られ、蛇渕《じゃぶち》に隠れた後、もう一度会うため捜して来たさんぶ太郎親子に対し、その正体を見たことを恨み、山を八巻きにして、紅蓮の火を吐きつつにらんだ。それ故に、この山を八巻山という。高円《こうえん》の蛇渕の北東にある。

（出典『奈義伝説』）

4　男女山《おとめやま》

鏡野町大野《かがみのちょうおおの》に男山、女山がある。

昔、サンボ太郎がもっこに土を入れて担いで来たが、くたびれたので桝形山《ますがたやま》に腰掛けて一服した。どっこいしょと立ち上がったとき、もっこの紐が切れ、土がこぼれて盛土になったのが男山、女山である。

ふんばったときの足跡が、津山市田邑《たのむら》の足形堤である。

（立石稿）

5　双子山《ふたごやま》①

三穂太郎《さんぶたろう》は、非常に力持ちで、ところどころの土木工事をしたんですが、もっこへ泥を担いで運んでいるとき、もっこの緒が切れて、その土がこぼれたところが双子山（作東町粟井《さくとうちょうあわい》）になったそうです。

（出典『やなはらの民話』）

6　双子山《ふたごやま》②

三穂太郎が力試しに、山を一荷にして担いだところ、もっこの緒が切れてできたのが、双子山（作東町粟《さくとうちょうあわ》井《い》）であるという。

（出典『吉備の伝説』）

7　血洗《ちあら》い谷《だに》

那岐《なぎ》の仙《せん》の東の急な崖のある谷（高円《こうえん》）。血洗い谷、じゃあらが谷ともいう。

さんぶ太郎が那岐仙の上で死んだ時、山の一角が崩れた。それでじゃあが谷という。あるいは、これはさんぶ太郎ではなく、昔、那岐の仙で合戦があり、刀の血を洗ったので、血洗い谷がなまって、じゃあらが谷になったとも伝えている。

（出典『奈義伝説』）

8　黒《くろ》ぼこ

三穂太郎の遺体は、頭は関本に、胴体は西原に、右手は勝田町梶並右手になど、日本原一帯をおおった。それが腐って、現在、黒ぼこという真黒い土になっている。

（出典『吉備の伝説』）

9　金玉の跡①

昔、岡《おか》村の間山《はしたやま》に行く手前の所に、うちの山があって、私が小さい時にいっつも両親についていて、その山に行きょうたんじゃ。そうしたらな、私は子供じゃけん、仕事のてごう（手伝い）は出来んけん、おもちゃを持って行ってままごとをしょうたん。

道の一角にあるちょっと凹んだとこに、きれいなと言うか、草も木もなんにも生えてない平たい所がある。その場所が私は気に入って、いっつもそこでままごとをするんじゃ。

ある日、ままごとをしよったら、親が側に来て、

「あんた　そこが気に入っとんじゃなあ」

言うけん、

「ほん。お父ちゃんお母ちゃん、ここはなあんにもないし、向こうもよう見えるしなあ。気に入っとんじゃ」

言うたら、

「ここぁなあ、三穂太郎さんいう人がな、毎日ここへ座ってな、湯郷《ゆのごう》の方向をずーっと見渡しよんなさった」

そこまではえかったんじゃけど、その後に親が言う事にゃ、

「その三穂太郎さんの金玉が当たったとこが、こすれて、草も木も生えずに残っとると言う事じゃ」

そう教えてくれたんじゃけど、私ゃあ、そこが大好きだった。そこでいっつもままごとをしよったんじゃ。

（出典『勝央の民話第二集』）

10　金玉の跡②

作州《さくしゅう》地方に伝わる巨人伝説の主人公、菅原三穂太郎《すがわらさんぶたろう》満佐《みつすけ》（一一八二―一二三四）は京都まで三歩で行ける巨人であった。太郎は菅原道真《すがわらみちざね》（八四五―九〇三）から十二代目に当たり、作州地方を治めた。

那岐《なぎさん》山麓の菩提寺城《ぼだいじじょう》に居館を構築して、武威を振っていた菅原《すがわら》四郎仲頼《なかより》という武士がいた。菩提寺の境内で美女と知り合い数々の恋歌を取り交わした。彼女は名木川に棲む大蛇の化身で、そのうち仲頼との間に一子をもうけた。それが三穂太郎満佐である。

その化身は仲頼に素姓を見破られたので、蛇淵《じゃぶち》の底に身を沈め、その淵には五色の玉が浮かび上がった。太郎は母のかたみとして、これを肌身につけ成長した。太郎は成人に成るにつれて、智、仁、勇、万人に優れ、自在に各地で活躍し伝説を残した。太郎が間山西、塩滝《しおたき》の上に位置する山頂をまたいだ時、金玉が擦れて凹地になり、草木が繁茂せず肌地のままとなった。

この山頂が太郎の金玉の跡とされている。

この話は万人に秀でたひとだったので、神秘な蛇淵の滝に結びつけて、後世作り上げた物語である。

（出典『勝央の民話第二集』）

11　金玉の跡③

連石《れんじゃく》の松山《まつやま》にあった。広さは一畝ぐらい。昔、サンブ太郎（三穂太郎とも）という大男がいて、宮山《みやま》（高《たか》比野山《しのやま》）から吉井川《よしいがわ》の向こうの高ノ峰《こうのみね》をまたいだ。その時、金玉が当たった跡という。松山だが、金玉跡の場所だけは松が生えず少し窪んでいた。水晶がでるので、子どもたちは「金玉の跡へ水晶を掘りに行こう」といって行っていた。現在は、ブドウ畑になっている。

安井《やすい》の猿岩《さるいわ》の向こうに三穂太郎の金玉跡というところがある。三穂太郎がまたがった時、金玉がふれてへこんだところ。山にへこんだ場所があり湿地になっている。

（出典『やなはらの民話』）

12 金玉の跡④

奈義《なぎ》と是里《これさと》（吉井町《よしいちょう》）にふんばって、ちょうど南和《みなみわ》気《け》（柵原町《やなはらちょう》）の向こうの連石《れんじゃく》というところへ、金玉のすれたので金玉の跡がある。

（出典『やなはらの民話』）

〈二〉岩、石の伝説

13 休石《やすみいし》（やすみし）

美咲町《みさきちょう》休石《やすみいし》に、三穂太郎が、京都に行くとき休んだという石（岩）がある。休石の地名にもなっている。

（報告　上町川《かみまちがわ》　浅野克巳《あさのかつみ》）

14 腰かけ岩

菅丞相《かんのじょうしょう》（菅原道真《すがわらみちざね》）が、腰をかけた岩と言い伝う。

（出典『奈義伝説』）

15 あと岩

高円《こうえん》の蓮光寺《れんこうじ》の東に、あと岩という巨岩があり（重さ約一千貫＝三・七五トン）、三穂太郎がかがんで、股の下から投げた石であるという。又、これには、彼のわらじの跡が今も残っているという。なお、この岩は、三穂太郎の飯の中に入っていた石を、箸ではさんでほおったものであるともいう。

（出典『那岐山麓の民俗』）

16 後岩《あといわ》

高円蓮光寺《こうえんれんこうじ》の東北の谷間に「後岩」という岩がある。長さは四メートルぐらいもあるし、高さは人の背より高いかもしれぬ。よく見ると子どもの足跡と見えるものや、何かけだものの足跡かと見えるものが、幾つも幾つもある。

これは、さんぶ太郎が那岐仙《なぎせん》の上から、後ろ向きに放った石だといわれていて、今から百三十年以上も前に書かれた『東作誌』にも、そのように書いている。この本と同じころに書かれた『白玉拾』という本によると、初めに書いたように、子どもや、けだものの足跡があるので「後岩」と言うと記している。

（出典『奈義伝説』）

17 跡岩《あといわ》

蓮光寺《れんこうじ》の東北に「アト岩」という岩があり、それには馬の足跡がついている。また、七つぐらいの草履の足跡ともいう。

（出典『四年生』）

18 足跡石《あしあといし》

三穂太郎《さんぶたろう》の足跡石は、津山市綾部《あやべ》地内の国ヶ原《くにがはら》にあったものを、綾部《あやべ》神社拝殿の左前に移したという。

一立方米ぐらいの青石のような石であるが、長い年月で表面は褐色になっている。そこに大人の足跡形に窪んでいる。それで三穂太郎の足跡石と呼んでいる。

（話者　津山市綾部　田口哲彦《たぐちてつひこ》）

19 牛の爪跡石

袴ヶ仙《はかまがせん》（勝田《かった》郡勝田町《かったちょう》）のふもとに三穂太郎の乗ってきた牛の爪跡のある石がある。（勝田郡勝田町奥山《おくやま》）

（出典『ほととぎすと兄弟』）

20 杖の跡

三歩太郎の杖の跡といわれる岩の穴が、津山市綾部《あやべ》、綾部《あやべ》神社にある。

（話者　津山市綾部　多胡清恵）

21 雪隠岩《せっちんいわ》

那岐仙《なぎせん》の西の谷にあり、糞の塊のような形をしている。見たことはないが、人々の話によると何メートルもの高さがあるという。

さんぶ太郎が那岐仙の頂きに住み、峰から峰へまたがって用を足した跡といい伝えている。

（出典『奈義伝説』）

22　雪隠岩

那岐山頂《なぎさんちょう》より西の細尾城《ほそおじょう》跡の西側に雪隠岩があり、さんぶ太郎が用を足したと伝えられている。

（出典『なぎの民話』）

23　雪隠岩

三穂太郎《さんぶたろう》いう豪傑がおったんですなあ。那岐山に腰ぅ掛けて荒内の池で足ぅ洗ようたいう大男であった。お爺さんから秘仙の術ぅ習ようて、毎日、那岐山にとび上がって修業を重ねておった。那岐山の頂上に岩が二つあるが、これは、三穂太郎がつくばって大小便をしとったところという。

（出典『ほととぎすと兄弟』）

24　しゃもじ岩

近藤《こんどう》の川に沿って巨岩がかつてあった。表面に飯をすくうしゃもぢのようなあとがあって、さんぶたろうのしゃもじ岩といわれていた。那岐池《なぎいけ》構築のときこわして池の石垣につかわれたという。

（出典『たきもと物語り』）

類話1　ほぼ例話に同じ。（出典『奈義伝説』）

25　三歩太郎の大反吐《おおへど》

那岐山《なぎさん》の蛇淵に棲んでおった大蛇の腹から生まれ、飛行仙術を会得、大見丈城（那岐山）より京の都まで三歩で行ったので、その名のある巨人三歩太郎は都の守護をしたといい、菅家七流の祖ともいう。

三歩太郎が知和《ちわ》の酒屋で、酒を鱈腹飲んだところ、その日はどういう具合か、腹の調子が悪くなりむかついてきたので、小股を広げて矢筈山《やはずやま》と堂風呂山《どうぶろ》（寺山）とを踏んまえて、げろげろと大反吐を吐いた。その反吐が積り溜って白金山（石灰山《せっかい》）が出来たという。

（出典『かもの夜ばなし』）

26　投げた石

三穂太郎が那岐山から投げた石が、梶並《かじなみ》の塩谷《しおだに》にある。平らな石の上に乗っており、ゆするとと動くが倒れない。

（出典『ほととぎすと兄弟』）

27　飯の中の石

滝本《たきもと》には、三穂太郎が飯の中に混じっていたのをはさみ出したという石があった。今は、墓石の台になっているという。

（出典『吉備の伝説』）

28　ご飯の中の石

類話1　例話にほぼ同じ。（出典『奈義伝説』）

三穂太郎が、ある日、ご飯を食べておりましたら、ご飯の中へ石が入っておりましたので、それを口からぷっと吹き出したものが奈義町滝本にあるそうです。

（出典『やなはらの民話』）

29　落石《おちいし》

中国山脈に腰を掛けて、日本海で足を洗ったという、伝説の超大男「さんぶ太郎」さんが、弁当箱に入っていた石を箸でポイッと跳ね飛ばした。石は石ころひとつない原っぱに、大きな岩となりドカッと座っているところから、落石《おちいし》（津山市勝北町《しょうぼくちょう》）との地名が付き「さんぶ太郎」の伝説になっている。

（出典『勝北昔ばなし』）

30　弁当の中の石①

三穂太郎《さんぶたろう》の石

勝央町《しょうおうちょう》美野《みの》の多田《おおだ》というところに、さんぶたろうが弁当ひろげて食べよったら、石が入っとって投げた石がある。

（出典『勝央の民話』）

31　弁当の中の石②

袴ヶ仙《はかまがせん》（勝田町《かったちょう》）の名称は、山の形が袴に見えるからそういう。頂上にはサンボ太郎が弁当ごうりの中にあった石を箸でつまみ投げたという石がある。雨乞いの時に、この石の上にツボケ（藁の先端をくくったもの）を掛けておくと雨が降るという。

（出典『ほととぎすと兄弟』）

32　弁当の中の石③

サンブ太郎が袴仙（勝田町）に坐って弁当を食べ、弁当の中に入っていた大石を投げた。その石が三坂（みのさか）と袴仙の八合目のあたりにある大石である。

（出典『ほととぎすと兄弟』）

33　アト岩

奈義町《なぎちょう》山口《やまぐち》部落のれん光寺《こうじ》東の草原にある大岩のアト岩は、太郎が那岐山《なぎさん》でムスビを食べていた時、その中にあった石をハシでつまんで投げたものだ。

（出典『四年生』）

34　むすびの中の石

下町川《しもまちがわ》の山田んぼ脇に大人が何人も手をつなぎ囲むほどの大きな岩があります。おむすびに入っていた石なんです。

昔々その昔、大男が住んでいました。その男の名前はさんぶたろうといいました。

ある日のこと大男はおなかがすいたので、仙《せん》の山《やま》（那《な》岐《ぎ》山《さん》）に腰をかけ大きなおむすびを食べていました。「がりっ」と音がして、さんぶたろうは「石があった」と思い、口の中からプーッと石を飛ばしました。

これが下町川《しもまちがわ》まで飛んできたんだとさ。

（出典『勝央の民話』）

35 積石

積岩《つみいわ》とは、巨石二つを重ねた岩であり、「かさね岩」ともいうが、地元では「つみ岩」と呼んでいる。湯郷《ゆのごう》温泉街の西方、位田《いでん》との境、旧道の傍らにあり、三歩太郎伝説の岩である。

積岩の様子について『東作誌《とうさくし》』には次のようにある。

「積み岩　雅名重嵓

湯郷町より二町西の方山の麓に在り大石の上へ大石を積み累ねたる也昔一人の尼有てつみかさねたりと土俗云傳へたり曽て人力の所為にあらず別に図を添ふ石滑上平にして春日祀りて興を催すと云ふ凡廿人斗坐して猶狭しとせずといへり」

別の伝説によると、鎌倉時代、勝田郡《かったぐん》北部にいた豪族菅原仲頼《すがわらなかより》の三男三穂太郎満佐《さんぶたろうみつすけ》（一一八三―一二三四）が智仁勇に優れ、飛仙之術を使う神通力の持主であることが都に知れわたり、朝廷から京都禁中の警備、玄蕃寮頭《げんばりょうのかみ》に任命され、後に美作守《みまさかのかみ》（国司職代官）を拝命したといわれている。美作国豊田庄《みまさかのくにとよたのしょう》（奈義町《なぎちょう》）に館を構え、那岐山《なぎさん》に城を築き、京都と美作を三歩で往復したので「さんぶ太郎」と呼ばれた。ある日、那岐山に腰掛けて、むすびを頬張っていると、むすびの中から二個の石が出てきたので投げ捨てたところ、湯郷まで飛んでいき、その石が重なりあってできたのが重岩（積岩）であるとのむかし話が伝わっている。

重岩伝説には、ほかに弁慶の弁当に入っていた石伝説などがある。

（出典『美作町史地区誌編』）

36 むすびの石

三穂太郎《さんぶたろう》が、むすびを食べていて、むすびの中に石があった。それを投げた石が美作市湯郷《みまさかしゆのごう》にある。

（報告　中島《なかしま》　上原民子《うえはらたみこ》）

37 雑炊石

津山市草加部《くさかべ》と綾部《あやべ》にまたがる地域に津山工業団地

がある。その北地域に三穂太郎の雑炊石がある。

三穂太郎が雑炊を食べていたら、小石があったので箸で挟み捨てた。その石は、大きな石の固まりで、御影石で割目の入ったものだった。いつとなく誰かが割って持ち帰り、現在はない。雑炊石の地名は残っている。

（話者　津山市綾部《あやべ》　田口哲彦《たぐちてつひこ》）

38　いり粉の中の石

蛇渕《じゃぶち》（高円《こうえん》）の南の川の近くにある。さんぶ太郎が、いり粉を食べる時、吹いたら茶碗の中から出た石とい い伝えている。

（出典『奈義伝説』）

類話1　例話とほぼ同じ。（出典『吉備の伝説』）

39　いり粉の中の石

サンブ太郎がいり粉を食べていたら、石があったのでゴホンと吐き出した大きな岩が、菩提寺《ぼだいじ》近くにある。

（話者　津山市高野本郷《たかのほんごう》　松尾定子）

40　三穂太郎《さんぶたろう》の橋石

奈義町《なぎちょう》豊沢《とよさわ》吉光《よしみつ》の中央に小川があり、吉光黒兵衛《よしみつくろべえ》が、そこに橋を架けた。その橋石を、吉光の有志が森藤の墓の入口に持って来て立てた。それが吉光黒兵衛の碑である。

川に石橋を架けたのは、三穂太郎だともいう。

（報告　豊沢　森藤佐保子）

〈三〉田、池、渕の伝説

41　あと田《だ》

あと田と称する田が西原《にしばら》にあり、三穂太郎《さんぶたろう》の足跡であるという。昔は足形をしていたが、今は足形はくずれて、跡は分からないという。

なお、三穂太郎の足跡というのは、大谷《おおたに》（八間四方の溜池）、宮内《みやうち》地字道林坊《どうりんぼう》、及び柿《かき》にもある。

（出典『那岐山麓の民俗』）

類話1　例話にほぼ同じ。（出典『四年生』）

42　釜田《かまだ》

関本に釜田と称する田がある。昔、賊が、三穂太郎の釜を盗み、持って帰っている時、大雨が降り、持帰ることが出来ず、ここに置き捨てて帰ってしまった。故にこの名があるという。

（出典『那岐山麓の民俗』）

類話1　例話にほぼ同じ。（出典『四年生』）

43　かま田《だ》

関本《せきもと》にある。泥棒がさんぶ太郎の釜を盗み、それを埋めて隠したと言い伝えられている。以前は水田だった。

（出典『奈義伝説』）

44　きんたま池

滝本八軒屋《たきもとやけや》地内のほぼ中央に、現在は濠となっているが、自然湧水の強い地がある。これは伝説の巨人、さんぶ太郎が足をひろげて立ったとき、そのきんだまが地にふれて池となった地と伝承されている。

さんぶ太郎の金玉渕の西方は西の谷となり、かつては深田が多かった。その東側の近藤《こんどう》へ通ずる町道の東西は、相当広い地域にわたって弥生時代の遺蹟地であり、開田時数個の竪穴住居址が見出されたし、土器や石器片が散布していた。土器の形式から弥生時代中期から後期にわたっていた。（二〇〇〇年―一七〇〇年前）

（出典『たきもと補遺』）

類話1　例話前半にほぼ同じ。（出典『奈義伝説』）

45　さんぶ太郎の足跡

さんぶ太郎の足跡と言い伝えられているところがある。

宮内《みやうち》の「道林坊池《どうりんぼういけ》」（今の那美池《なみいけ》）、柿《かき》の迫谷《さこだに》、西原《にしばら》にもある。西原の足跡は、さんぶ太郎が都に上る時の第一歩と言い伝えられている。

（出典『奈義伝説』）

類話1　例話にほぼ同じ。（出典『吉備の伝説』）

46　三穂太郎《さんぶたろう》の足跡

津山市池ヶ原《いけがはら》地内に、三穂太郎の足跡といわれている地がある。子どものころは畑だったが、今は木が繁っている。近くには古墳もある。

（報告　津山市池ヶ原　丸尾久重）

47　足跡①

鏡野町郷河本《かがみのちょうごうこうもと》に、サンボ太郎の足跡がある。現在は、松原地区のコミュニティ広場になっている。もう片方は、美咲町打穴《うたの》方面にあるという。

高山の三谷川には杖の跡がある。

この巨人は目崎太郎《めさきたろう》だともいう。

（出典・立石稿）

48　足跡池

豊久田《とよくだ》字楢《なら》の木の地名の山中に、三穂太郎《さんぶたろう》と言われている池があります。この水、旱魃の時にも涸れたことがありません。一部の人が飲料水利用されている池です。

実はこの池が、京都まで三歩で行ったという、三穂太郎の左足の跡と言われています。

（出典『勝央の民話』）

49　足跡②

小瀬《こせ》と大戸《だいと》の吉井川《よしいがわ》の中に三穂太郎の足跡というのがある。

小瀬の足跡は、岩に大きな穴があり足跡のように見える。

大戸のは蛇渕《じゃぶち》という渕で、それが足跡だという。その渕はどんな日照りでも水が絶えないという。蛇渕の水をかえ出す（かい出す）と大雨が降るといい、雨乞いの時には水をかえ出す。すると、たちまち天が曇って雨が降るという。

（出典『やなはらの民話』）

50　きんたま渕

奈義川《なぎがわ》の中島西《なかしまにし》、津山渡《つやまわた》せ橋《ばし》のやや北にあたる渕。

さんぶ太郎が、那岐仙《なぎせん》と備前の八塔寺《はっとうじ》山とをひと跨ぎにした時、そのきんたまが地に触れて渕となったと言い伝えられている。

（出典『奈義伝説』）

類話1　例話にほぼ同じ。（出典『吉備の伝説』）

51　蛇渕《じゃぶち》

さんぶ太郎の母である、おろちが棲んでいた渕であると言い伝える。高円《こうえん》の淀川《よどがわ》の源流近く。

（出典『奈義伝説』）

52　蛇渕

昔、この滝つぼに大蛇が住んでいて、村人を困らせたので、菩提寺《ぼだいじ》のぼうさんが、それをとらえた、という話もありますが、最も有名なのは「三穂太郎」（ミホタロウが正しい）のことでしょう。

（出典『四年生』）

53　蛇渕

蛇渕に蛇が住んでいて、樽に酒を入れてなげこむと、しばらくして樽が浮き上がった時は、中の酒がなくなっている。

そのわけは、沈んだ時に、そこにいる蛇が飲むのだといわれている。

（出典『四年生』）

54 蛇淵

小学校五年生の頃、学校から遠足で、奈義町《なぎちょう》の菩提寺と蛇淵《じゃぶち》へ行きました。その時に先生が、大蛇がおった話をして聞かせてくれました。そのとき先生が歌った歌を紹介します。

「蛇淵に蛇がおるそう蛇が　おん蛇が　めん蛇が
　知らん蛇が」

（出典『勝北昔ばなし』）

55 鮎《あゆ》がえりの滝《たき》

奥津川《おくつがわ》より約五キロメートルほど入ったところに、大きな岩と岩の間から流れる滝があります。きれいな澄んだ水が、あまり高くは無いけれど滝となって、下は丸い淵となっていて、奈義にある蛇淵との関連があるとの説もあります。

（出典『勝北昔《しょうぼく》ばなし』）

注　鮎がえりの滝の渕と奈義町の蛇渕とはつながっているという。地元住民の話。（立石憲利）

56 荒関《あらせき》

三穂太郎いうもんは、体の丈夫な大男で、元気なもんだった。そえじゃけん何ぅするやら分からん。

悪いことしちゃあ困るけんいうて、ある時、三穂太郎《さんぶたろう》が寝とる間に、みんなで殺してしもうたんじゃ。そうして行方《ぎょうほう》の川へ流した。その体が流れ着いた所を「荒関」(西原《にしばら》)いうようになった。みんな恐れとったんじゃな。

（出典『なぎの民話』）

〈四〉神社、屋敷などの伝説

57 諸《なぎ》神社

那岐仙《なぎせん》の頂上にあったのを、さんぶ太郎が麓に下ろして祀ったという。

（出典「高村稿」）

註『岡山県神社誌』には、「那岐山頂に鎮座していたが、風雨が強いので、山麓不老の森に遷座した。またその地が陸軍練習場になったため、大正八年、現在地（奈義町成松《なりまつ》）に遷座した」とある。

58　三穂《みほ》神社

関本の三穂神社には、蛇の頭が、また、西原の神社には胴、高円のナギ神社には腰から下がまつってある。

（出典『四年生』）

59　さんぶ太郎屋敷

那岐《なぎ》の仙《せん》の頂きの平坦な所を、さんぶ太郎屋敷と言い伝え、馬場等もあるという。

（出典『奈義伝説』）

60　豊田《とよた》屋敷

さんぶ太郎の妻こすがど（豪族豊田氏の娘）のいた所という。西原《にしばら》の奈義運動公園の近くにある。

（出典『奈義伝説』）

61　よりみつ

さんぶ太郎と、こすがどを恋争いし、後にさんぶ太郎の草履の裏に、針を仕込んだ頼光《よりみつ（らいこう）》の住んでいた所といい伝う。

（出典『奈義伝説』）

62　実兼免《さねかねめん》

元菅原実兼《すがわらさねかね》の館跡のあった所の地字を、実兼免という。「実兼卿は、聖廟十代の後裔、当国の押領使となり、此邑に住す」と作陽誌《さくようし》に見えている。

（出典『那岐山麓の民俗』）

63　さんぶ太郎の先祖墓

久常《ひさつね》の実兼の東の山に十六にものぼる円い塚がある。そのうち、北の方の五つの塚を、さんぶ太郎の先祖墓という。

（出典『奈義伝説』）

64　さんぶ太郎が吹く

さんぶ太郎が那岐仙《なぎせん》の上で、最期を遂げる時、天も地もとどろき、大雨とともに大風となった。そのため北風が強く吹き出すと、「さんぶ太郎が吹き出した」と言う。

（出典『奈義伝説』）

65　箸立木と飯の中の石

さんぼ太郎いうか、さんぶ太郎いう大男がおって、那《な》岐山《ぎさん》のてっぺんへ腰を掛けて飯を食べたと。へえで、その食べた後、箸をつきたった。それから芽が出たのが菩提寺の銀杏なんじゃと。

へえで、中に石があったから、プッと吹き出して飛ばしたのが、広戸の大岩なんじゃと。

せえから、歩き始めて三歩歩いたその足跡が、ちぐはぐに那岐山の下に池がある、その池なんじゃと、わしのばあさんが言うたのを覚えとんですけえど。

ばあさんいうのは、わしの父親の母親。「つま」っていう名で、「おつまばあさん」言よったんやけどねえ。内藤つま。奈義町に住んどって、子どもの世話に来てくれて話したのじゃ。たぶんねえ、明治二年生まれじゃと思う。

（話者　吉備中央町上田西《きびちゅうおうちょううえだにし》　内藤三治）

（六）『作陽誌』にみる三穂太郎伝説

〈一〉古くからの伝承を裏付け

美作国の地誌である『作陽誌《さくようし》』は、一六八九年（元禄二年）藩命により編纂されたが、江村宗晋《えむらそうしん》によって調査、編集された西部六郡は一六九一年（元禄四年）に藩主に献上された。しかし、東部六郡は完成しなかった。そこで一八一二年（文化九年）津山松平藩士正木《まさき》輝雄《てるお》が独力で調査、一八一五年（文化十二年）に完成した。しかし、両誌は、正本は残されず、写本だけであった。一九一二年（大正元年）矢吹金一郎《やぶききんいちろう》が『西作誌《せいさくし》』と『東作誌《とうさくし》』に『津山誌《つやまし》』を加えて『新訂作陽誌』として出版した。私たちは、この恩恵を受けている。

さて、『作陽誌』の中に、三穂太郎《さんぶたろう》がどの程度収載されているかを調べてみた。直接三穂太郎にかかわるものと、深い関係のあるものに絞ってみても二十件に達した。予想以上の数に、三穂太郎が人々の間で深く伝承されていたのだと知ることができた。

三穂太郎の中心は、『東作誌』の圏内だが、その範囲の広さに驚かされる。

『作陽誌』に収載されている伝説は、次の資料のとおりである。

これら伝説は、前に掲げた「さんぶ太郎」の伝説の中にほとんどあり、伝承の確かさを知ることができる。『東作誌』は一八一二年の完成だから今日まで約二〇〇年間口承で伝えられたことになる。矢吹が『新訂作陽誌』を刊行するまでは、その内容が、人々には知られていなかったのだから、それまででも一〇〇年になる。それ以降、『作陽誌』の記述を知って、さんぶ太郎の伝説を説明するとしても、地域に、その伝承と記念物がなければ人々をして信じさせるわけにいかないだろう。

口伝えであることと、記念物があることを考えると、伝承が広がるためには、相当の年月を要することになる。近年採録している民話には、江戸末期生まれの祖父母から聞いたというものがあり、その祖父母に語ったのはそれより前となり、二〇〇年以上たっていることが分かる。

〈二〉資料　『作陽誌』収載の三穂太郎伝説

1　奈義町関本《なぎちょうせきもと》（勝北郡東豊田庄関本村）

小鞠山《こまりやま》　里諺云三穂太郎上京のとき足より落たる土塊りて此山になりたりと。

2　奈義町関本（勝北郡東豊田庄関本村）

跡岩《あといわ》　蓮光寺《れんこうじ》の奥にあり長八尺横七尺厚五尺の黒石なり人の足跡八九歳の童子の足跡の如し駒の足形あり三穂太郎諾山《なぎさん》よりあとむきに投たるより名ありと云ふ。

3　奈義町高円《こうえん》（勝北郡東豊田庄高円村）

腰懸石《こしかけいし》　西天神谷東天神谷と云ふにあり大さ四尺許古より触る事を不許菅相丞の腰懸石といへとも謬なり菅原知頼卿の旧趾なりと云ふ。

4　津山市綾部《つやましあやべ》（東条郡綾部郷綾部村）

杖《つえ》ノ跡石《あといし》　国ヶ原《くにがはら》に在り　三穂太郎の古跡と云ふ往来の傍なり。足形石　熊井谷の内西畑の山に在り　同上

5　美作市矢田《みまさかしやた》（勝北郡小吉野庄矢田村）

三穂太郎　飛礫《ひれき》岩　和田村の界本折と云井手に在徑八尺餘の大岩なり。

6　美咲町《みさきちょう》 休石《やすみいし》（勝南郡公文庄休石村）

休石　色青白の石なり高さ四尺許三尺四方程の石なり地字奥の上と云ふ所農民平左衛門家の前にあり三穂太郎腰を掛け休たるゆゑに休石の名ありと云。

7　奈義町関本（勝北郡東豊田庄関本村）

釜田《かまだ》　昔賊有て三穂太郎の釜を盗帰る所俄に大雨降て持帰ること能はず此所に捨置故に釜田と云ふ其釜今に土中に存ずと云傳ふ。

8　奈義町宮内《みやうら》（勝北郡西豊田庄宮内村）

三穂太郎足形　二十間四方地字道林坊にあり。

9　奈義町柿《かき》（勝北郡東豊田庄柿村）

三穂太郎足跡　迫谷《さこだに》にあり八間四方の溜池を云ふ　夏冬共水あり。

10　美作市真加部《まかべ》　**（勝北郡小吉野庄真加部村）**

疣池《いぼいけ》　観音堂の傍川端にあり岩に孔有て水石底より涌出す三穂太郎が杖の跡と言傳ふ是に精米を入て其水を以て疣を洗へは忽ち落ると云ふ而して又涌出する水を求めしむ。

11　美咲町行信《ゆきのぶ》　**（勝南郡和気庄行延村）**

菖蒲池《しょうぶいけ》　槙ヶ佐古《まきがさこ》にあり　長十三間　横十一間の窪かなる無水池なり三穂太郎の足形と里諺に云伝。

12　奈義町高円　**（勝北郡東豊田庄高円村）**

三穂太郎屋敷跡《さんぶたろうやしきあと》　諾《なぎ》山絶頂にあり東西二十間南北拾五間西北東に土居の跡あり西の方に二十三間の馬場あり巽方に井あり南の方に厠と云ふものあり踏石両方長さ八間横六間の黒岩あり。

13　奈義町　**（勝北郡西豊田庄是宗村）**

諾山《なぎさん》　此邑中に罹れり三穂太郎の屋敷跡は此邑の内なりと云ふ。

14　奈義町　**（勝北郡西豊田庄是宗村）**

是宗川《こりむねがわ》　川上　諾山三穂太郎屋敷池　川下　宮内村。

15　奈義町　**（勝北郡西豊田庄是宗村）**

鸚鵡岩《おうむいわ》　みちの木谷にあり　人家より半里。三穂太郎屋敷跡の下もちの木谷にあり人の不行所なり能く人語を対ふ唯笛の音のみこたへず。

16　奈義町柿　**（勝北郡東豊田庄柿村）**

福光三郎屋敷跡《ふくみさぶろうやしきあと》　東西三十間許　南北二十間許。地字を福光と云ふ福光氏は菅家七名の内にして三穂太郎満佐の三男福光伊賀守周長を祖とす。按に此地字を福光と稱する故直に福光と名乗たるなるへし亦満佐の三男たれは則福光三郎は伊賀守周長ならんこと必せりとせん乎。

17 奈義町高円（勝北郡東豊田庄高円村）

三穂大明神《みほだいみょうじん》　小　諾山に在り祭神三穂太郎満佐有元家祖　祭日九月十五日小傳有元家譜に載之。

18 奈義町高円（勝北郡東豊田庄高円村）

諾山《なぎさん》の麓に三穂大明神の社ありむかし卯月の頃にや祭祀しけむ折から烈しく吹わたる氷雨を今も諺に三穂太郎といふ三の字をよみちかへ神字を郎字に誤たるらむ。

19 奈義町関本（勝北郡東豊田庄関本村）

三穂大明神　祭日九月十五日。　↓社人　長尾一馬
（古は社人二家）
氏神也祭神三穂太郎　事跡見于高圓村之部
諸末社　十一ヶ所
當社は當國六十六社の内なり。

20 勝田《かった》郡《ぐん》勝央《しょうおう》町《ちょう》岡《おか》（旧勝南郡勝田郷岡村）

十王堂《じゅうおうどう（じおうどう）》　路の傍に在り三尺四方の小堂なり　此十王旧間山の物なりしを爰に安置すと云ふ凡て此辺間山のもの多し十王の像甚ものふりて至古のものなり土中より穿出す所の大像なり丈八尺許土中の根入不可量と云ふ伝に云ふ三穂太郎負ひ来りて此所に落したれとも不知して過る爾來爰に在とも云ふ又或は河中に光物在って或人霊夢を蒙りて穿出し安置すとも云ふ銘あり康暦二年庚申二年廿九日午時立願主敬白円仏建とあり康暦は人皇代後円融帝御宇足利義満代なり文化癸酉迄四百三十五年。

二　岡山県内の巨人伝説

（一）　国土創造と巨人

『播磨国風土記』の託賀郡の項に、「託賀《たか》と名づくる所以《ゆえ》は、昔、大人《おおひと》ありて、常に勾《かがま》り行き。南の海より北の海に到り、東より巡り行きし時、此の土に到来《いた》りて、言ひしく、『他土《あだしくに》は卑《ひく》ければ、常に勾り伏して行き。此の土は高ければ、申《の》びて行く。高きかも』といひき。故、託賀の郡という。其の踰《ふ》みし迹処《あとどころ》は、数々、沼と成れり」とあり、つづいて多くの地名説話が載っている。

『出雲国風土記』の意宇《おう》郡の章には、出雲国が布のように細かったので、八束水臣津野命《やつかみずおみつののみこと》が、新羅の三崎、佐岐の国、良波の国、越の都都の三崎を、鋤で切り取り、太綱で「国よ来い、国よ来い」と引き寄せてきて縫いつけて、広い土地にしたことが記されている。国引き説話である。命も、これだけの仕事をしたのだから、たいそう巨人で力持ちであったことは間違いない。

このように国土創造など、この国土の成立に大きくかかわったのが巨人であると人々は考え、伝承してきたのが巨人伝説である。

巨人には、鬼、天狗、神、英雄などいろいろある。関東から東海にかけてのダイダラ法師、大人、弥五郎、弁慶なども主人公の一つである。

これらの巨人によって、池、湖、山などが巨人の足跡、腰掛けた跡、持ち物、排泄物などと説明する。

さんぶ太郎も、巨人伝説の典型的な主人公で、中国山脈の造成をはじめ多くの記念物を残している。

岡山県内には、さんぼ太郎以外に巨人がいたのだろうか。調べてみると、巨人伝説がいくつも伝承されていた。

（二）巨人伝説資料

巨人伝説のいくつかを紹介する。

1　水底だった神代

新見《にいみ》市下神代《しもこうじろ》にあるＪＲ備中《びっちゅう》神代《こうじろ》駅の下《しも》側が、ちょうどダムの堰堤を作りゃあええように山がせまっておる。大昔、あそこがせかっとって（堰き止められていて）、このあたり一帯の田んぼが沼であったんじゃ。その折に波が押しよせて浸食したのが波の形になっとるから、浪方じゃという。

この辺（下神代一帯）が沼で、これを干拓すればいい田んぼができるいうことで、権現様が来られて、神代駅のところのせかっとるのを切り拓いて、広い田んぼを作られたいう。

そえで権現様は馬に乗って来られて、鐙は金の鐙《あぶみ》であったという。神代駅の下側の向こう側に鐙ヶ滝というところがありますが、そこに権現様をお祀りしてある。

金の鐙は、安実山《あぜちさん》豊福寺というお寺がありますが、そこに祀ってあったんですが、いつの時代か泥棒が来て、その鐙ぅ盗んで逃げたという話を聞きました。（語り手・冨谷正一）

（出典『しんごうの民話』）

2　ネズミ島と大人《おおひと》

昔、通り山に背たけ十尺（約三メートル）余のバアバアー（老女）がいたという。このバア様、百歳を越えるというのにピョンピョンはねると二谷三谷、飛びこえる事ができたという。

ある日だれに頂いたのか、大下駄を頂いたバア様、うれしくてうれしくて仕様がない。バア様は下駄をはいて山から山へ、谷から谷へピョンピョン飛び回っていた。飛び回っても大下駄をはいているので足にトンギリ石がつき立たなくなって、力一杯飛び回れるのだ。バア様はフト小豆島に飛び渡ってやろうと考えた。バア様はまだ小豆島を見た事がなかったからだ。

バア様は熊山あたりから走って勢いを付け、まず第一番に生塚山で力をいれてふみつけた。グシャと足がめりこみ、下駄の歯に土が食い込んだ。二足目は通り山へグィーと力一杯踏みこんだ。バア様の下駄の歯に又も土が食い込んだ。バア様はまた力をこめて、カブラ崎へ飛び移る足を振り回した。バア様の着物のスソが大きくはねあがる。下駄の歯に食い込んだ土がバシャーと海に落ちた。バア様はなりふりかまわず小豆島だけにらみつけている。三つ目の足がカブラ崎へグシャーと食い込んだ。バア様は、こんどこそは小豆島だ、と目をむき、全力をしぼって前より高く足を振り上げた……。バア様の着物のスソは大乱れ……。腰のあたりまでまくれあがってしまった。バア様も恥ずかしかったのか、少し気をゆるめた……。それが悪かった。バア様の足が小豆島にとどかなかった。バア様の体は中心を失い、メリメリメリと股がさけてしまった。バア様の体はズブズブズブーと海に沈んでしまった。そしてバア様は今もまだ上がってこない。

バア様がカブラ崎へ渡る時足を振り回した、その時落ちた土が島になった。その島がネズミ島だという。又バア様が小豆島へ渡ろうとして、力一杯足を高く上げたので着物のスソが腰までまくれ上がり、大きな大きなうす黒いおしりが見えた。このバア様のおしりが見えた地いきを尻見（尻海《しりみ》）といったという。

昔、長浜も尻見（尻海）も大土井も庄田も敷井《しきい》（本庄）もみな大土井の八幡様を氏神とした氏子であった。平安初期、氏神崇拝時代があり、この時こんな話が出来た一つの理由だ（外にもあるが）。今でも生塚、通り山、カブラ崎へ畳四畳半程の大きな足跡がある。通り山へ登った時、八《や》ッ塚《づか》の一番上の北にあるので、見るのも面白かろう。（伝承地　瀬戸《せと》内《うち》市《し》邑《お》久《く》町《ちょう》尻海玉津）

（出典　『玉津の古伝』）

3　大男と大女

大昔、大男のお爺さんと、大女のお婆さんの夫婦が両山寺《りょうざんじ》（美咲町《みさきちょう》）方面に住んでいました。

ある日、大お爺さんが、山をまたがって歩いていた時に、金玉が山に当たって崩れました。それで今の二上山のように二つの峯になりました。またがって歩いたときの足跡が、打穴の大谷の田に残っているそうです。

大お婆さんが、ある朝、味噌汁を作って食べようとした時、鍋底に小石が入っていました。大お婆さんは、貝杓子ですくって、ぽいとほったところ、越尾の北東部、柵原の八神《ねりがみ》との境にある山に落ちました。いままでも山中に大石があり、飛礫石《つぶていし》と呼んでいます。

（話者　美咲町越尾　延原一男）

①は、権現様という神が大きな沼の周囲を取り囲んでいる山の一角を切り開いて水を流して水田を造ったというもの。現在、地形を見ても、高梁川《たかはしがわ》の支流・西川で、河本ダムの上流は、両方から急峻な山が迫り、特に備中神代駅《びっちゅうこうじろえき》のすぐ下流側は、何者かが切り取ったかのような形になっている。そして、上流は西川から分流した神代川の周辺が、平坦な土地になっている。伝説通りの地形といえよう。

これと同じような話は、全国各地にある。一例として、山梨県の甲州盆地が出来た伝説を簡単に紹介しよう。新見市神郷町《にいみししんごうちょう》の①の伝説とほとんど同じではないか。

甲斐のみずうみ

昔、甲斐の国は湖だった。神様は舟で行き来していて、舟を繋ぐ環が櫛形山《くしがたやま》、七里岩、愛宕山、塩の山《しおのやま》などにあった。

湖のそばの地蔵様と二人の神様が話しているとき、地蔵が「湖の底には広い土地がある。水さえなかったら人が住むのによい所だ。水をなくす方法はないか」と尋ねた。神様が、「なんとかやってみよう」と言ったと。一人の神様は、鰍沢の南の山を蹴ったら、山がぐらんと傾いた。もう一人が　それを切って穴を開けた。

すると山は崩れて、水が、どうーっと流れ出だした。そこへ不動様が現われて溝を掘って川にした。

湖水がなくなって、あとに広い盆地が現われた。それが甲州盆地だと。

甲州盆地を作った二神二仏は、あっちこっちに祀られている。

（『山梨の昔話伝説第二集』より要約）

②は、さんぶ太郎と比べると小さな者だが三米以上もある大人のバァバアー（婆様）が熊山《くまやま》（赤磐《あかいわ》市と備前《びぜん》市境）から走って、生塚山に一足目、通り山に二足目、三足目を蕪崎（瀬戸内市牛窓町《うしまどちょう》）に跳ぼうと、足をふり回したら、下駄に付着していた泥が落ちて、蕪崎沖の鼠島になった。足をついた生塚、通り山、蕪崎には大きな足跡が残っているというもの。伝説では三米余という婆様だが、もっともっと大きな婆様のような気がする。

③は　美咲町《みさきちょう》の伝説で　大人の爺と婆、夫婦の話。両山寺《りょうざんじ》のある二上山《ふたかみやま》が二峯になっているのは、爺の金玉が当たって崩れたため、打穴にある爺の足跡の田。婆が作った味噌汁の中に小石が入っていて杓子で投げたら、越尾と八神境に落ちた。それが飛礫石という大石だと。

三つの伝説を見ただけでも、主人公の大人は違っても伝説の記念物は、さんぶ太郎とそっくりではないか。その他、県内の巨人の伝説を、記念物でみてみよう。

〈石、岩〉

○鬼の門　津山《つやま》市阿波大ヶ山《あばだいがせん》、鬼が石を重ねて作った。

○立岩　鏡野町《かがみのちょう》羽出《はで》　鬼のふところに入っていた石。大きな岩。上部は平坦で二×三米。

○つぶて岩　真庭《まにわ》市日名《しひな》　鬼の飯の中に入っていた石を投げ捨てたもの。通世岩とも。一辺が四米ほどある。

〈足跡、杖の跡〉

○大人の足跡　津山市宮部下《つやましみやべしも》　水溜り。右足の跡で、左足の跡は美咲町《みさきちょう》垪和《はが》にある。

○大人の足跡　津山方向から皿山《さらやま》に右、打穴中《うたのなか》高清水に左、打穴西《うたのにし》秋政に右、真未に左、ヨツセに右の足跡がある。

○土師《はじ》の大人の足跡　美咲町《みさきちょう》金堀　ところどころにあり、池になっている。大人は野見宿禰《のみのすくね》だともいう。

○大人の足跡　久米南町別所《くめなんちょうべっしょ》　大人が下二ヶの大菅山からこれをまたいで、あっという間に讃岐象頭山に到着したと。

○大人の杖の跡　鏡野町高山　川底の岩に径三十センチ、深さ六十センチの穴あり。

　このほか、岡山市一宮尾上《いちのみやおのうえ》に大坊の足跡、岡山市西楢津《ならづ》に鬼の足跡、高梁市備中町《たかはししびっちゅうちょう》に大人様の足跡、真庭《まにわ》市蒜山《しひるぜん》に大人ヶ平、真庭市余野《よの》に弁慶の足跡、津山市《つやまし》宮部《みやべ》に弁慶の足跡、美作市尾谷《みまさかしおたに》に右衛門三郎《えもんさぶろう》の足形石などある。

〈その他〉

○真庭市蒜山《まにわしひるぜん》の下《しも》蒜山と中《なか》蒜山の間にあるフングリコスリは、大人が山を越えていて金玉がこすれた。

○岡山市一宮《いちのみや》の小便川は、大坊の小便が流れた跡という。

○倉敷市玉島爪崎《たましまつまさき》の鬼の小便岩。鬼の小便の跡という。

○総社市阿曽《あぞ》の血吸川《ちすいがわ》。鬼の温羅に吉備津彦の放った矢が目に当たり、血が流れて川になった。

○美作市庄原《みまさかししょうばら》に、大人の屋敷跡というものがある。

　このように大人、弁慶、神など呼称は異なるが、巨人が残した記念物は、詳しく調べるともっともっとあるだろう。

　七一三年、元明天皇の詔によって撰進された「風土記」などにある巨人伝説が、そのまま、千三百余年の時間を超えて今日に同じように伝承されている不思議を感じる。

三　岡山県内の大力持ち話

（一）　さんぶ太郎と九郎兵衛

前掲の「一　さんぶ太郎の伝承」の項にある「伝説資料」の中に「40三穂太郎《さんぶたろう》の橋石」がある。三穂太郎が架けた石橋が、奈義町《なぎちょう》豊沢吉光《とよさわよしみつ》の川に架かっている。

この橋は、吉光《よしみつ》の九郎兵衛《くろうひょうえ》が架けたとも言われ、その橋石を吉光の有志が、森藤《もりとう》家の墓の入口に持って来て立てた。大きい石には、「吉光九郎兵衛」、小さい石には「藤原鎌足《ふじわらかまたり》二十世孫森藤九郎兵衛」と刻されている。

九郎兵衛の大力ぶりは、さんぶ太郎ほどでないにしても、なかなかのものである。

九郎兵衛にまつわる話（世間話）を紹介してみよう。

力持ち黒兵衛

昔、黒兵衛というどうらい力持ちが、おったちゅうこっちゃ。近くの溝に石橋ぅ架けるとき、そこいらのもんが何人も寄って動かそうとしたんじゃが、びくともせんので困りょったら、黒兵衛が来て、ひょいと持ち上げ運んで行って、架けたちゅうこっちゃ。その橋は昔の因幡街道の吉光にある畳一畳敷ほどの石橋がそれじゃと、今でも言い伝えになっとる。

またそのころ、奥の仙に、牛ぅ連れて草刈りに行き、その草ぁ牛におわせて戻りょったら、牛が重いんでよろけてよう歩かんようになった。そしたら黒兵衛は牛もろとも背負うて、家まで戻ったと言われておる。

その時分、ここいらに因幡から強い素人相撲取りが来て、このへんの力自慢のもんも、あっという間に負かされてしもうたんじゃそうな。黒兵衛が、その相撲を見よると、立ち上がるとすぐに、因幡の相撲取りは、相手の急所をけとばすのに気がついた。そこで黒兵衛は太い青竹を根ごとに引き抜いて、ぎゅうっと手でしごき、そりょうふんどしにして因幡の相撲取りと、相撲を取ったんじゃ。案の定因幡の相撲取りゃ黒兵衛の急所をけってきたんじゃが、青竹のふんどしじゃけん、ちいともこたえりゃせん。黒兵衛は因幡の相撲取りゅうつかむと、ほいと投げた。そしたら一山越えて向こうがわの谷まで飛んで、因幡の相撲取りゃ死んでしもうたそうな。その墓は菩提寺の下の谷に今でもあるちゅうこっちゃし、その名は「ひょうのくび」とも「こおうぎ」とも言い伝えられ、また、相撲取ったところは、みさき野だったいう話も残っとる。

また、黒兵衛は大した大食らいだったそうな。くちなわ（蛇）でもなまのまま食ようった。あるとき奥の仙で　大くちなわをつかまえて、ひこずって帰ってきて　裏のこせにつないどいたら、夜じゅうくちなわがくずやうもんじゃけん、あしたりになって、せんに帰してやったそうな。

ところがその黒兵衛が、青とかげを食うたら、その毒で死んでしもうた。そいで黒兵衛が死んでしもうた青とかげは　決して食うちゃいけんと言い伝えられとる。

（話者・鷲田盛慶　出典『なぎ』）

くろべえさんは、大力持ちであった。奥の山から草を刈って牛に負わせて帰る時、牛が重さに弱ると、牛を草ごと背負うて帰って来た。

ある時、土居の橋を架けるため、大きな平たい石を十人も掛かって動かすことが出来ずにいたら、くろべえさんがそこへ来合わせて、一人でその石を軽々と持ち上げて、溝の上にさっと架けてしまった。（以下省略）

（出典『奈義伝説』）

などと伝承されている。九郎兵衛の表記は、「黒兵衛《くろべえ》」ともなっている。

この話には、①草を負わせた牛が、重くて動かないので、黒兵衛が、草を付けた牛を背負って帰った。②因幡一番の相撲取りが、相手の急所をけって勝つのを見た黒兵衛が、太い竹をすごいて褌にして相手になり、投げ飛ばした。因幡の相撲取りは、因幡まで飛んでいって死んだ。③黒兵衛は大食いで、蛇でも生のまま食べた。しかし、青トカゲを食べて毒で死ぬ。④十人でも動かせない大石を一人で持ち上げ架橋した――という内容である。

（二）大清左《おおせいざ》

このような大力持ちの話は、県内各地で伝承されている。岡山県内で一番多く採録されている大力持ちの話は、「大清左《おおせいざ》」であろう。

大清左は真庭市《まにわし》蒜山下見《ひるぜんしもみ》の出身で、同市三ツ家《みつえ》の造り酒屋に奉公していた。力が強いので二人前の給金をもらっていた。

大清左の話を次に紹介しよう。

大清左

大清左は下見村（蒜山下見《ひるぜんしもみ》）の生まれで、子どもの時から人一倍体が大きく、力も強かった。清左衛門という名であったが、あまり体が大きいので、村ではみんな大清左、大清左と呼んでいた。

年頃になって、三ツ家村（禾津《いなつ》）の酒屋に奉公に行った。その酒屋は近郷きっての大分限者で大庄屋を務める由緒ある家柄であった。

根が正直者で、力持ちで、陰ひなたなく働く大清左を旦那は清左、清左と言って可愛がった。

ある日のこと、旦那はにわかに用事ができて津山に行かねばならないことになった。駕籠を担ぐ下男を探したが、二人とも山に行っていていない。さて、どうしたものかと旦那が思案していると、

「旦那、津山に行かっしゃるなら、わしが駕籠で送って行きましょうかい」

と、大清左が言う。

「おお、清左やおったか。お前、送ってくれるなあええが、相棒がおらんじゃあどうしょうもない。はて、どうしたもんかの」

「いえ、まあ旦那、相棒がおらんでも、わし一人でも何とかなりましょうやあ。まあとにかく、ちょっくら乗って見てくだんせえ」

と言って、駕籠を持ち出して軒先にすえた。旦那も、清左め、あがなことをいうが、いかに大力でも一人で駕籠を担いで津山まで行くこたぁできまい。大方、どこかに相棒のあてでもあるのだろうと、独り合点しながら旦那は駕籠に乗り込んだ。

「さあ、そいじゃあ担ぎますぞ。しっかりつかまっとってくだんせえよ」

と言うや、清左は棒の端を持ってぐらりと駕籠を担ぎ上げた。清左は駕籠を肩にわき目も振らずに、どんどん、どんどん走って津山への道のりの半ばも越えたある橋の上まで来た。

「旦那、この橋まで来たら、津山への方が近い。ちょっと駕籠を下ろして一服さしてもらいますぞな」

そう言って、清左は下ろした駕籠を川の流れの上に突き出し、棒の端を片足で踏まえた。駕籠の扉を開けて外を見てびっくり仰天している旦那を尻目に、大清左はゆっくりと煙草を吸い始めた。

大庄屋で郷士の旦那の家には時々侍が訪ねて来る。ある日訪ねて来た侍の横柄な態度に腹を立てた大清左は、その侍に向かって、

「おおそこなキンキラ虫さん」

と言った。ところがその侍が怒るまいことか、

「何をこの下郎め」

とばかりに、刀を抜いて大清左に斬りつけた。大清左はとっさに身をかわし、馬屋口の木戸を外してその侍を押さえつけた。そうして大清左は何事もなかったような顔をして、木戸の上にあぐらをかいて煙草を吸っていた。

「清左や、お前はこの一年、ほんに真面目に一生懸命よう働いてくれた。その褒美ぃ、正月休みに去《い》ぬる（帰る）時にゃあ、米俵ぁ負えるだきやるけえ持って去ね」

と、旦那が言った。

「はい、ありがとうがあす。ほんなら旦那さん、遠慮せっともろうて去にますぞな」

大清左はそう言って、軒に立てかけてあった二間梯子に、米倉から俵を出してはくくりつけ、出してはくくりつけして、とうとう十二俵の米俵を梯子にくくりつけて、熊井《くまい》乢《だわ》（田羽根から蒜山初和への峠）を越えて下見のわが家まで一服もせずに背負って帰った。

「清左や、屋根替えをせにゃあいけんけえ、縄ぁなわにゃあいけんが」

と旦那が言った。

「はい、はい」

と、清左は夜が明けると田んぼのわらぐろのねきに（そばに）筵を敷いて、わらぐろからわらの束ぁ抜いちゃあない、抜いちゃあないして、とうとうわらぐろ一つ、日が暮れるまでにのうてしもうた。

大清左が牛を追うて草刈りに行った。草刈り山に着いて、さてと牛の荷鞍を見ると、夕方鞍に結えつけておいた鎌も荷負綱もない。清左は鎌を取りに帰ると面倒くさいので、草を手でちぎってはかずらで縛り、ちぎっては縛りして大きな草束をこしらえて牛に負わせ、自分も背負うて戻りかけたところが、街道で殿様の行列に出会った。こりゃあ困ったと思うた大清左は、とっさに荷をつけた牛ごと横抱えにして道のほとりにのけた。

「今日は風呂を庭にたてろ」

と旦那が言った。召し使いの者たちが風呂桶を持ち出して、がたがた、がたがたと庭の植込みの間に桶をすえて風呂を沸かした。旦那が庭など眺めながら好い気持ちになって湯に浸っていると、急に空が曇ってきてにわか夕立となった。長屋門の軒下にいた大清左はそれを見ると、裸でうろたえている旦那を風呂桶と一緒に家の中へ抱え込んだ。


大清左の怪力の噂は近郷近在はもちろんのこと、他国でも評判になり、遠い出雲の殿様の耳にも入った。

「その清左とやらの褌をもろうて参れ」

と、殿様は何を思われたかお側の家来に申しつけられた。

「はて、さて、妙なことをおっしゃることだ」

と家来は思いながらも、殿様の申しつけなので遠い道を歩いて作州の三ツ家村までやって来た。そうして家来が殿様の申されたことを大庄屋の旦那に伝えると、旦那は早速清左をよんで、そのことを伝えた。清左はそれを聞いて妙に惜しいような気持ちになったが、いかに他国とはいえ一国の殿様のおっしゃることである、しぶしぶと大切な褌を外して家来に渡した。


こうして、清左が殿様に褌を献上してからというもの、どうしたことかあれほど底抜けだった大清左の怪力も次第に衰えてしまったそうな。

（話者　田羽根　後藤勇）

（出典『真庭市の民話第二巻』）

××××××××

ありゃあ大清左いうてなあ、ここぇなあ、大清左いうどえらい怪力の男がおってなあ。それが、三ツ家（禾津）いうとこへ大きな酒屋があってなあ、そこのまあ奉公人に頼まれて、行って、仕事をしょうったいうて。

それがまあ、強力だけえ、飯でもなあ。大きな厚い親椀へ入れてなあ、まあいっぺんに一升どまぁ入るような木の椀になあ、飯ぅ入れて食ようったいうて。

それが、正月の元日ぃなってなあ、山入りいうことがあってなあ。ほえで百姓の仕事のし始めになあ。そえで、

「山入りぃ木ぅ切らにゃあいけん」

言うて、そのまあ三ツ家の酒屋の旦那が大清左へ、

「今日は清左、山入りだけえなあ、山入りぃ樵ってこいよ」

言うて。

「はいはい」

いうとこで、山へ切りぃ行ったー切り初めいうてなあ、まあ薪《まき》の木ぅ切り初めをするわけですわ。そえで、正月の元日にゃあ、旧の元日にゃあ、まあ大抵のことを仕事のし初めをするわけで、へえでまあ作り初めとか、切り初めとか、書き初めとかなあ、ほんなあ縫い初めいうようなことでまあ、そういう昔から習慣があってなあー。

へえで、その大清左がなあ、切り初めぇ行って大けな木ぅまあ切って、ぞろぞろぞろ引こずって戻って、まあ、門があるけえなあ、家のまあ門構えがあるわけです。そこを入りかけても木が入らえで。大きゅうてなあ。それが大清左はそのまま引こずって入ったので門構えが傾いたいうて。


（蒜山下長田　美村寅一）

（出典『真庭市の民話二巻』）


大清左の話では、①一人で駕籠を担ぐ。橋の欄干から駕籠を川の上に出し、主人を驚かす。②横柄な侍をやっつける。③給金に米を負えるだけやると言われ、二間梯子に十二俵くくり付けて持ち帰る。③屋根替え用の縄を一日で藁ぐろ一つ分をなう。④飯杓文字で朝草一を刈る。⑤草を牛に負わせて帰る途中、殿様の行列に会い、牛ごと抱えて道の外にさし出して通らせる。⑥旦那の入っている風呂を、夕立になったので、かかえて家の中に入れる。⑦怪力が他国にも知れ、出雲の殿様から褌をもらいたいと言われる。献上すると大清左の力が弱くなった。⑧正月の切り初めに大木を切り、門を無理に入ったので門が傾く。

この他にもエピソードは多くあり、出身地の蒜山下見に帰っているとき、旭川が大洪水になり村が流されそうになったので、大戸（玄関の大きな板戸）を持っ

て川に入り、流れを変えて村を救う——などもある。
黒兵衛の話にある①草を負わせた牛を背負う話と、大清左の⑤とは、ほぼ同じである。

（三）その他の大力持ち

真庭市月田《まにわしつきだ》の折助は、①一人で駕籠担ぎ②藁ぐろを一夜で縄になう。真庭市山田の長力牛之介は、①殿様の行列に出会い、牛に三俵の米をつけたものを、橋の欄干から外に抱きかかえて出す。②青竹をすごいて褌にして江戸相撲に勝つ。真庭郡新庄村《まにわぐんしんじょうそん》の力持ちは、美甘の魚屋（屋号）に奉公し、給金に持てるだけの米をもらう。梯子に十俵積んで負うて帰る。真庭市月田で通りがかりの大男が、一升飯を食べさせたら、竹藪の竹を草のように引き抜いて畑にした。真庭市二川《ふたかわ》の藤原角平治は、四貫（約十四キロ）の斧で大蛇を退治し、堂を半分に割ってしまう。

新見市神郷《にいみししんごう》地域で多く伝承されている神戸上《かどのかみ》のシンザ（新左とも）は、鳥取県日野郡日南町《ひのぐんにちなんちょう》神戸上の人だという。神戸上は、旧神郷町の高瀬《たかせ》や釜村《かまむら》、新見市千屋《ちや》と接していて交流も多い地域である。

シンザは、①嫁入り道具全部を一人で背負い、嫁ぎ先まで運ぶ。②大水で流されたたくさんの橋を石橋にするのに、一人で石を運び架ける。③一升飯をぺろりと平らげる。④馬小屋の肥出しをするのに、たまっている肥を肥かきで一遍で出す。⑤田ごしらえをするのに、牛が弱くて仕事にならないと、鋤を自分で押して田起こしをした。⑥薪を山に取りに行き、引き抜いた木を背負って、道筋の家の壁などをこわして持ち帰る。⑦藁ぐろを作るのに、稲束一把ずつでなく一度に二十把も投げ上げて作ったので、形の悪い藁ぐろになった。⑧屋根替え用の縄に、藁ぐろ一つ全部を一夜のうちになう。⑨旦那を乗せた駕籠を一人で担ぎ、途中、橋の欄干より外に出し休んだので、旦那が悲鳴を上げる。

井原市七日市《いばらしなのかいち》の清兵衛は、馬喰をしていた。①殿様の行列に会い、追っていた牛を持ち上げて道端の溝の上に立って、行列を通らせた。②据風呂に相撲取りが入っているとき、夕立ちになったので、風呂桶ごと軒下に持って入った。

同じく井原市高屋《いばらしたかや》の三鼓平四郎《みつづみへいしろう》は、①高屋町大仏《おおぼとけ》の大きな仁王像を二体重ねて担ぎ、山上から下の笹賀町《ささかちょう》金鳴寺《かなしぎじ》まで、山道を運ぶ。②小豆八升を背負った牛を担いで道を明けて侍を通らせる。③竹藪の竹を草のように引き抜いて開墾する。④高梁川の渡し場で、威張る船頭に対し、渡し舟を木に引き上げたら平身低頭、すぐに渡してくれる。⑤焼米一升を一度に食べる。

吉備中央町中宮《きびちゅうおうちょう》の力持ちは、①年貢米二俵(一二〇キロ)をいつも担いで納めた。②馬に米俵三俵を積んで足守に出かけたとき、殿様の駕籠に橋の上で会う。そこで馬をかかえて川の上に差し出して殿様を通らせる。

このほか、たくさんの大力持ちが、昔から近年までいたという話が伝わっている。

鏡野町の根治金源治《ねじかねげんじ》(①大山《だいせん》まで朝飯前に参拝して帰る。②大名行列に会い　担い棒を立て、その上に座っている。)

津山市院庄の道善(根治金宅を訪ね留守だったので大黒柱を持ち上げて大斧をはさんでおく)

笠岡市真鍋島《かさおかしまなべしま》の佐五郎《さごろう》、典五郎《てんごろう》　①三百貫を持ち上げる力で、大石を運び防潮堤を造る。②鳥居の笠石を一人で持ち上げる。③暴風のとき、帆柱を引き抜き腹に当てて船の沈没を防ぐ。

美咲町吉ヶ原《みさきちょうきちがはら》の我王　①相撲を取るとき、竹を割って褌にする。②大水のとき、大戸を持って水を押し上げる。③煎粉を食べるのに、スコップですくって食べる。④村芝居で喧嘩が始まっても我王が行くと、すぐ収った。

和気町佐伯《わけちょうさえき》のエンショウ(我王を訪ねて留守だったので、大黒柱を持ち上げて下駄をはさげる)

近年では、瀬戸内市長船町車《せとうちしおさふねちょうくるま》(八日市《ようかいち》とも)の力持ちの話がある。明治二十八年(一八九一)の大洪水で八日市切れ(堤防決潰)があったときのこと。その力持ちは三人分の仕事を受けて、午後二時ごろには仕事を終わっていた。その男が岡山の酒屋の手伝いに行き、給金と土産に酒の粕をもらう。一荷担いで帰っていたら、楢原《ならばら》（岡山市）で若い衆が餅を搗いていた。そこで休んだら餅を搗いていた者が声を掛けてきた。そこで「酒粕を持ち上げたらやろう」「そんなら持ち上がらなかったら餅を一臼食べさせてやる」と。若い衆が担いだが酒粕は持ち上がらず、男は二升餅をぺろりと平らげた。

もう一話。美咲町《みさきちょう》打《う》穴北《たのきた》に「さださん」という力持ちがいた。名前は吉岡定次郎《よしおかさだじろう》。明治三十一年、亀甲《かめのこう》に中国鉄道（現JR津山線）が開通。その工事中のこと、線路工夫四、五人が、八十貫（二〇〇キロ）のレールを運んでいた。さださんが笑ったところ、工夫が怒ってきたので、「何人で運んどるんなら」「そんならやってみろ」ということになった。さださんが一人でレールを持ち上げたので、工夫たちは平謝りしたという。

（四）大力持ち話の特徴

これら大力持ちの話での特徴は次のようだ。①単に力が強いというだけでなく、殿様、侍、旦那、他の力持ちなどとの関係のなかで、知恵と力で相手をやり込めるという笑話の要素があること。②大力持ちは、少し間抜けていたり、ぷらぷらしていたりするなど、一見、横着者で愚鈍である。③大食いである。④何か事ある時には、大力を発揮して人々のために働く。⑤大力持ち話の中に出てくるモチーフは、いくつかのパターンがあり、（例えば竹をすごいて褌にする）共通している、などといえるだろう。

大力持ち話は、三穂太郎《さんぶたろう》の物語や伝説をみていると、力の強さやスケールの大きさは異なるが、似通っているところがあるようだ。

（一）岡山と「桃太郎伝説」

四　大力持ちと「桃太郎」

岡山の昔話といえば、誰でも「桃太郎」と答える。県内だけでなく、県外でも同様である。

「桃太郎の昔話は、岡山でできたものですか」という質問を受けることがある。この質問のように、昔話「桃太郎」の発生の地が岡山だと思っている人も多い。しかし、岡山と「桃太郎」が結びつくのは、考えられているほど古くない。

一九三〇年（昭和五年）に、岡山市の彫金家・難波《なんば》金之助《きんのすけ》が、『桃太郎の史実』という小冊子を発行。吉備津神社の縁起にある吉備津彦命《きびつひこのみこと》の温羅《うら》征伐の話をもとに、吉備津彦が桃太郎で、鬼の温羅を退治する話だから、「桃太郎」のもとだと主張する。

それ以前から、全国各地で、「桃太郎」を特定の地域に結びつけて、その地域の知名度を上げ、観光や地域起こしに結びつけようとする動きが起こっていた。それらの情報は、関係者によく知られていた。

難波が『桃太郎の史実』を刊行した同じ年に、香川県で、小学校の先生だった橋本仙太郎《はしもとせんたろう》が、「童話桃太郎の発祥の地は鬼無《きなし》」と題して「四国民報」に五十回の連載をして、現高松市鬼無《きなし》が「桃太郎」の発祥の地だと主張した。

また、愛知県犬山市《いぬやまし》では、宮司の川治宗一《かわじそういち》が桃太郎神社を創建、周辺の地名と合わせて「桃太郎」の発祥の地だと主張。これも一九三〇年である。

岡山県南の吉備路、高松市鬼無、愛知県犬山の、桃太郎三大伝説地が、いずれも一九三〇年のほぼ同じ時期に発表したことは、単なる偶然の一致ではなく、お互が連絡を取り合って行ったことではないだろうか。

ところが翌年の一九三一年には満州事変が起こり、十五年戦争に突入、岡山でも「桃太郎」の発祥地は岡山という話は次第に消えていったのである。

「桃太郎」が、再び脚光をあびるようになったのは、一九六二年に、岡山県で開催された国民体育大会（国体）である。「桃太郎国体」と銘打って宣伝。その前後も、観光宣伝は「桃太郎」を前面に押し出したものになった。ここで、岡山と「桃太郎」を結びつける「根拠」になったのが、難波の『桃太郎の史実』であったと考えられる。

岡山には名物の吉備団子があり、桃の産地として有名だったことから、行政を主体として宣伝と相まって、県外の人々も、岡山イコール「桃太郎」と思うようになり、今日の「岡山は桃太郎」となっていったのだ。

（二）　寝太郎型桃太郎

岡山といえば「桃太郎」といえる、もう一つは、岡山県内で伝承される「桃太郎」が、全国的に大変珍しい型をしていることだ。

「山行き型」とか「寝太郎型」と呼ばれるもので、次のような話である。

桃太郎

昔あるところに、爺さんと婆さんとおったそうで、爺さんは山へ木樵りに行く、婆さんは川へ洗濯に行く。洗濯ぅしょうたら、上から、うっかりうっかり流れてきて、へえから食うてみたらうまかった。

「もひとつ流れえ、爺にやる。もひとつ流れえ、爺にやる」

言ようたら、また、間もなく上から流れてきて、婆さん喜んで持ってもどって、そりょう櫃に入れて、爺さんがもどるのを待っとったら、爺さんが、

「ああ、婆さん、今帰ったあ」

「爺さん今日不思議なことがあった。川ぇ洗濯ぃ行ったら、大きな桃が上から流れてきて、食うてみたらうまかったけえ、『もひとつ流れえ爺にやる』言ようたら、また流れてきたけえ、櫃ぃ入れてとっとるんじゃ（し

まっているのだ)」

　せえから、行ってみたら、どうしても櫃が開かん。せえから、ますかりゅう（まさかりを）持って割ったら、大けな男の子が出来た。

「お爺さん、お爺さん、なんとこりゃあ思えがけもない。家にゃあ子供がおらんのに、男の子が、なんと桃からうまれたんじゃが、桃太郎いう名ぁ付きょうか」

いう。

「そりゃあえかろう」

　せえから、大きょうにしょうて、ある日のこと、近所の友達が、

「桃太郎さん、木ぅ拾いぃ行きましょうや」

「木ぅ拾いぃ行きゃあええんじゃが、なんにも拵えが出来とらん」

　せえから、あくる日、

「いま、にかわ（荷を背負う綱）をなようる」

　せえから、また、あくる日、

「今日は、行きましょうや」

「今日は、にかわの髭ぅむしらにゃあならん」

　また、翌日に、

「今日行きましょうや」

「今日は、背な当ぅせにゃあならん」

「今日行きましょう」

いうて翌日に出たら、

「今日は、背な当ての髭むしりじゃ」

　また、あくる日に出たら、

「今日、わらじゅう作らにゃあいけん」

　また翌日に、

「行きましょう」

「今日、わらじの髭むしりじゃ」

　せえから、また、

「今日行きましょう」

「今日は、ますかり（まさかり）ゅう研がにゃあならん」

　せえから、そのあくる日に、また、

「行きましょうや」

いうたら、

「今日は、木鎌ぁ研がにゃあならん」

せえから、そのまた翌日に出たら、

「さあ今日は、拵えがまあ整うたけえ行くかなあ」

せえから奥山ぇ行って、友達は、カンカン切る。桃太郎は、木の株の根太で、いびきばっかりかいて、グウグウ寝る。せえから、

「桃太郎さん、なんと帰りましょうや」

いうて、

「わしゃあまだ木ぅひとつも拵えとらんのじゃ」

「どうも、わしらがあぎょういうても、あげるほど木ぅ拵えとらんのでえ」

「ほんなら、わしゃあ、この木の株ぅ、うがいて（引き抜いて）負うて去ぬる」

せえから、ごっそりうがいて、桃太郎はにかわを掛けて負うてもどって、

「ああ、お爺さんやお婆さん、いま帰りました」

「ああ、ご苦労じゃったなあ」

「なんと、こりょう、すぐ枯れとりますけえ、どこへ降ろしましょうか」

いうたら、

「庭（内庭）へないと負うて入れえ」

「こりゃあ、庭ぇ、せえでも降ろしゃあ庭がとびますで（壊れますよ）」

「そんなら、風呂場の口ぃでも降ろすねえ」

「風呂場の口ぃ降ろしゃあ、風呂場がとびますで」

「そんなら、今度ぁ上の木小屋へ負うて上がって（母屋より高い位置にある）、木小屋へ降ろせえ」

「木小屋がとびゃあしますがのう」

いうてから、降れえたら、どおうっと木小屋がとんでしもうて、これが、昔こっぷりどじょうの目。


（話者・新見《にいみ》市《し》哲西町《てっせいちょう》川南　賀島具一郎）

注　この話に続いて、桃太郎が、犬、猿、きじなどの援助をうけて鬼退治をする話になっている例もある。

この話のように山に行って大木を引き抜いて帰ると

ころから「山行き型」、道具の準備に時間がかかり、山へ行っても寝るばかりするから「寝太郎型」の呼称になっている。

この「桃太郎」の伝承地は、岡山県でも西半分の備中地方であり、備前《びぜん》、美作《みまさか》地方ではほとんど採録されてない。県外では、鳥取県西部、島根県東部、広島県東部が中心で、わずかに香川、徳島、高知の各県で報告されている。なお、新潟県で一例の報告があるが、話の内容や語り言葉が新潟県と異なり、岡山県とよく似ているため、岡山に縁のある語り手のものと考えられる。

この「桃太郎」の特徴の一つに、山で大木を引き抜いて帰り、大力ぶりが知られる契機になっている点である。

大木を根元から引き抜くなどというのは、力持ちの世間話や伝説にも共通している。

真庭市禾津の三ツ家の酒屋に奉公していた大清左《おおせいざ》は、正月の切り初めに山へ行き、大きな木を切って帰る。木が門から入らないので無理に引き入れたら、門が傾いたという力持ちだ。

また、新見市で伝承されている神戸上（鳥取県日南《にちなん》町《ちょう》）の新左《しんざ》は、山から大木を担いで帰るが、途中の家に、大木が引っ掛かって家が傾いたという。これも大力持ちだ。

（三）　寝太郎型桃太郎と大力持ち話

このように桃太郎と力持ちの話に共通性がある点に着目して、『桃太郎は今も元気だ』（二〇〇五年、岡山市デジタルミュージアム刊）の中で、筆者は、「山行き型桃太郎」の伝承基盤について次のように考えられると記した。「一見愚鈍な男が、突然大力を発揮するという話は、この桃太郎だけではない。岡山県内に同じような主人公が多数いる」として、大清左（真庭市）新左（新見市）などの例を紹介している。そして、「これらの主人公の姿は、農民の姿を彷彿させる。これら主人公は、山行き型の桃太郎とそっくりではないか。一般型の桃太郎は武士風だが、山行き型の桃太郎は農民的だともいえるだろう。多くの大力持ちの伝承が、桃太郎に山行き型の性格を与え、話を成長させたのではないかとも考えられる。少なくとも、大力持ちの伝承という基盤があったから、それに支えられて今日まで山行き型桃太郎が伝承されてきたと考えることができるだろう」と。

この文章を書いたとき、「山行き型桃太郎」と大力持ちの話を結びつけるのに、もう少し危惧というか、歯切れの悪さがあったのだ。それは、山行き型桃太郎では、県内で採録したすべてが、①大木を引き抜いてきて投げ捨てる。②その音で大力ぶりが知られ、鬼退治に行く契機となる。③または、音で爺婆が腰を抜かす——というものだ。

ところが、大力持ちの話ではたびたび大力を発揮するのだが、最後のところで、人々のために役立つために力を発揮しているのだ。ここは桃太郎と異なる点だ。

例えば、真庭市北部で伝承される大清左は、洪水で村に水が流れ込みそうになったとき、大戸（大きな玄関の戸板）を持って旭川に入り水の流れを変えて村を救う。新見市西部に伝承される新左は、洪水で流される土橋にかわり、流されない石橋をという人々の願いに応え、一人で大石を運んできて架橋する。笠岡市真鍋島の佐五郎《さごろう》、典五郎《てんごろう》は、石を一人で持ち上げて石鳥居を建立する——などである。

桃太郎の「単に大力を発揮する」のと、大力持ち話の「大力を人々のために発揮する」とを結びつける話はないのだろうかと、いつも考えていた。もちろん、桃太郎が大力を発揮して、その結果、鬼退治をするという点では、人々のためになっているのだから、結びついているとも考えられるが、もっと直接的に結びつくものはないかなと考えていた。

(四) 両者を結びつける「桃太郎」話

二〇一四年と一五年の二年間、吉備中央町《きびちゅうおうちょう》の民話調査を行っていて、一四年八月に下土井《しもどい》の片山光男（大正十年生）に出会った。伝説や世間話など、たいそうよく知っている伝承者であった。

三回目の訪問（二〇一〇年九月）のとき、昔話について具体的な話名を挙げて、知っておられるかどうか尋ねた。「桃太郎」については、「小学校の読本に書いてあるのが正しいので、自分が聞いたのは、それとは違っていて間違いだから子どもにも誰にも話していない」という。

そこで次回に語ってもらうことにして、四回目（同年十二月）に聞くことができたのが、次の話である。

桃太郎

昔、あるところに、お爺さんとお婆さんが住んでいたが、子どもがなかった。寂しく暮らしておった。お爺さんは山に柴刈りに行くし、お婆さんは前の川へ洗濯をしに行った。

ほして、洗濯をしておると、川上から、大きな桃がどんぶりこ、どんぶりこと流れて来た。お婆さんは、その桃を拾ってみたら、今までに無いような大きな桃じゃった。へで、それが、桃色のきれえな桃じゃったから、さぞ、うまかろう思うて、こりゃあ、お爺さんと分けて食べにゃあならん思うて、それを拾って帰った。そして、台所の庭の戸棚に隠しておいた。

そしたら、お爺さんが夕方に帰ってきたけん、まず見せちゃろう思うて、お婆さんが開きょう思うても戸が開かん。へから、お爺さんと二人がかりで戸を開きょうたら、戸がひっくりがえって、その拍子に、桃が二つに割れて中から大きな男の子が出てきた。

そのお爺さんお婆さんには子どもが無かったから、それが、うれしゅうて、うれしゅうて。へえから、その子を大きゅうするいうて、桃から生れたじゃから、桃太郎いう名ぁつけて、そして世話を焼いてから、大きゅうした。桃太郎は日に日に大きくなってから、ほうしてから、力持ちの大きな男になった。

へで、お爺さんの仕事をしに山へ手伝いに行く。ほして、帰る時、荷は、大きな木を根本から引き切って、そのまま担いでから、わっさ、わっさと持て帰った。持て帰ったのはええけど、かど（外庭）へ持て帰ってみても、その置くとこが無ぃ。へで、家へ、もたせかけると、屋根が潰れてしまう。横の畑へ倒しゃあ、大根が崩れてしまう。

「お爺さん、こりゃあ、どうしようかなあ。置き場所がねえから」

言うたら、お爺さんが考ようたが、

「そりゃあそうじゃなあ、前の川の上へ、こっちから向こうのぎし（岸）ぃ掛けてぶち渡いとけえ」

いうて、お爺さんがな、言うたから川に渡した。

そうして、そりょうまた、大きな木を持て帰って、二本渡したら、ええ丸木橋ができた。

「こりゃあ、便利になった。川へ入らんでも向こうへ渡れるようになった」

そうして、それを見てからよかったから、村の内を、あっちの橋のいるとこへ、そうして橋を架けた。

ほして、桃太郎は、だんだんまだ力持ちになってきて、力のいるような仕事は何でも村の内のを桃太郎へいうてからするようになった。

ところが、ある時、村内の人が訪ねてきて、

「あんたぁ、ええ力を持っとるんじゃけえ、うちにゃあ昔から、田ん中に大きな岩があるんじゃ。その岩が取れんじゃろうか」

いうて。ほしたら、桃太郎はそれを取りぃ行って、わっさ、わっさと揺すりょうたら岩が取れて。取れたけど、さて、どこへ置いたがええじゃろうか、田ん中に置きゃあ邪魔になるし、道ぃ出しゃあ、通れんようになるしで、川の淵の中へ投げ込んだ。ほしたところが、その淵が堰て水が流れんようになって、そこが池になって。

そのことを殿様が聞いて、

「お前みたいなばか力を持っとるものは、村にゃあ、仕事がねえけん、今鬼ヶ島で鬼があばりょうるけん、あ

れを征伐せい」

いうて、殿様から鬼征伐の命令が出た。で、桃太郎はお婆さんに百人力の吉備団子をよっけい作ってもろうて、犬や猿や雉を連れて鬼ヶ島へ行って、鬼征伐に出て行った。

　ところが、鬼ヶ島じゃあ、はあ、そのことが鬼どもの耳に入った。桃太郎が攻めてきたら、そりゃあ、どねんもならん。へで、赤鬼や青鬼がよけい集まって相談しょうた。

「そりゃあ、なんの、桃太郎が犬ぅ連れて来たぐれえで何があろうに」

言うもんがおるし、

「そりゃあ、なりゃあせん。一時にやられてしまう。そうしたら、みんな岩の穴へこぐったり、陰へ隠れたりしてから、門を閉めてしまおう。桃太郎上がらせにゃあ、いいんじゃから」

言うてから、そうしとった。そこへ行ったもんじゃから、鬼が出てこんから、鬼征伐をしよういうても、征伐ができん。

　そこで、桃太郎が百人力のきび団子を食べて、その島の大きな岩の頭へ手を掛けて、わっさ、わっさと揺すぐったいうんです。ほしたところが、山が大地震がいったようになって、山が崩れ、岩の穴が潰れでえた。ほしたら鬼はもうかなわんもんじゃから、皆とんで出て来てから、桃太郎の前へひざまずいてから降参したいう。

「もうけえからは、何も悪いことはせんから」

いうて。へえで、

「桃太郎さんの家来にしてくれえ」

言う。へえから、桃太郎は、

「そうじゃなあ、わしゃあ、けえから、この島を持て帰ろう思う。へで、お前らぁ、みんな、強い長い綱ぁなええ」

　へで、縄ぁなわしてから、犬や雉や猿にてごぅ（手伝いを）さしてから、岩の頭へくくりつけて、そうしてから、

「こっちから、わしが『よいしょ』と、押すけえ、ほしたら、お前らぁ、みんなで『よいしょ』と引っ張れえ」

　へえで、

「よいしょう、よいしょ、よいしょ、よいしょ」

と島ぁ引っ張ってから浜辺までも持て帰った。ほうして、浜辺でから、そこに、漁港を造って、港を造って、そうしてから、鬼に、

「お前らぁ、これからぁ、悪いことをせずに、漁師になれえ」

言うて。ほして、その港の中でから漁師になって、鬼どもは、あっちぃこっちぃ魚を毎日持て帰るようになった。

　せえで、そうしたところが、そのことが殿様の耳ぃ入って、殿様が、

「桃太郎いうたらたいした男じゃ。あれじゃったら、あの者に吉備の国を治めさしたら立派な国になるじゃろう」

せえで、お殿様の自分の娘を桃太郎の女房にして、ほうして跡を継がせて立派に国になった。で、ばんざい、ばんざい。お爺さん、お婆さんもうれしいことじゃった。

　子どものころ、町内土井《どい》に住んでいた伯父（母の姉の夫）の土井文一から聞いた。その伯父がいうのに「瀬戸内海のうちの、どこやらにそれがあるんじゃ」いうていうようなことを言ようりました。浜辺になあ、今でもそこは漁師の港、漁港になっとって、ほしてその防波堤になっとる岩山にゃあ、鬼が住んどった岩穴があるんじゃいうて。

　片山の桃太郎は、全体的にみると、備中地方に広く伝承されている「山行き型」の桃太郎だが①大力の発揮するのが人々に役立っている。②鬼を退治するだけでなく、鬼と協力して島引きをする。③殿様の娘を嫁にして幸せに暮らす（結婚する話は全国でも珍しい）

——など、相当の違いがあることに気付いた。

片山の「桃太郎」は、大力持ちの話の中にある、直接人々のために役立つ仕事をしている点が含まれている点に注目したい。大木を引き抜いてきて川に渡して橋を架ける。田の中の大岩を取り除いてやるなど、大力持ちの話に出てくることを片山の「桃太郎」はやっているのだ。

これまで大力持ちの話と「山行き型桃太郎」を直接結びつけるものがないので、大力持ちの話が「山行き型桃太郎」の伝承基盤といえるかどうか、十分な確信がなかったが、この話で伝承基盤になっていたと確信することができた。

「山行き型桃太郎」が、岡山県を中心に、全国的にみても狭い地域だけで伝承されている背景には、豊かな大力持ちの話があったからだということができるだろう。

【参考文献】

―― 本の中から資料として一部転載させていただきました ――

「かもの夜ばなし」　昭和51年2月28日発行　豊岡貢著　加茂郷土研究会刊

「吉備の伝説」　昭和51年1月25日発行　土井卓治編著　第一法規出版刊

「郷土の伝説と名物」　昭和12年10月31日発行　合同新聞社編・刊

「さんぶ太郎考」　昭和60年12月18日発行　奈義町、奈義町教育委員会刊

「勝央の民話」　二〇一二年三月発行　勝央民話を語る会「ちゃんちゃんこ」刊

「勝央の民話第2集」　二〇一六年三月発行　勝央民話を語る会「ちゃんちゃんこ」刊

「勝北昔ばなし」　平成28年10月1日発行　上高進編・刊

「しんごうの民話」　一九九五年三月三十一日発行　立石憲利編著　神郷町教育委員会刊

「高村稿」　高村継夫が書き残した原稿

「たきもと物語り」　一九七七年十二月発行　高村継夫編・刊

「たきもと補遺」（「たきもと物語り・補遺」）　一九七七年八月十五日発行　高村継夫編・刊

「玉津の古伝」　一九七六年発行　玉津幼稚園・小学校父母と先生の会編　玉津幼稚園・小学校父母と先生の会刊

「東作誌」（新訂作陽誌四～八巻）　昭和50年6月15日再版　正木輝雄　矢吹正則著　作陽新報社刊

「那岐山麓の民俗」　昭和33年7月1日発行　岡山民俗学会編・刊

「奈義伝説」（奈義の伝説）　一九七一年三月発行　高村継夫編　奈義町教育委員会刊

「なぎの民話」　平成26年10月28日発行　立石憲利、なぎ昔話語りの会編　奈義町教育委員会刊

「奈義・幡多の昔話」　昭和57年3月31日発行　岡山市立幡多小学校読書クラブ、就実女子大学民話研究会編・刊

「なんと昔があったげな　上巻」　一九六四年十一月十日発行　岡山民話の会編・刊

「ほととぎすと兄弟」（ほととぎすと兄弟―勝田町の昔話）　昭和56年発行　立石憲利編著・刊

「真庭市の民話　第2巻」　平成24年3月30日発行　立石憲利編著　真庭市教育委員会刊

「美作町史地区誌編」　平成16年12月発行　美作町史編纂委員会編　美作町刊

「やなはらの民話」　一九九四年十月二十五日発行　立石憲利、片山薫編著　柵原町教育委員会刊

「山梨の昔話・伝説第二集」　平成22年7月7日発行　藤巻愛子著　甲州弁民話房刊

「四年生」（奈義小学校第三校舎第四学年学校文集）　昭和34～35年度に奈義小学校第三校舎（豊並分校）で茅野弘文先生が、昭和35年当時、担任した四年生児童の感想文や児童が家族・近所の大人から聞き取りを行った地域の言い伝えなどをまとめた文集

さんぶたろうこぼれ話②

その三　謎の人物「藤原千方」とさんぶたろう

江戸時代の地誌『東作誌《とうさくし》』に、菅原三穂太郎満佐《すがわらさんぶたろうみつすけ》（巨人さんぶたろうのモデル）に関する次のような記述がある。

満佐、改兼実号三穂太郎名木山城主妻者豊田右馬頭女有子七人菅家七流之祖也。
満佐其性質太ダ魁偉而博学外祖藤原千方之飛化術常登干名木山修伝事妖怪飛行或云播州中山村佐用姫明神通妻妬而殺満佐干時天福二年甲子九月十五日満佐五十二才也満佐屍解飛去数仙不知其終干今祀其霊。
豊田庄氏神矣関本亦三穂太明神之宮祠則祭日九月十五日也。

気になるのはアンダーラインの部分で、

外祖藤原千方之飛化術常登干名木山修伝事妖怪飛行

とあり、満佐《みつすけ》は、藤原千方《ふじわらのちかた》の飛行の術を操ったことになっている。

ここでいう藤原千方《ふじわらのちかた》が、具体的にだれを指すのか不明だが、候補として『太平記』中、「巻十六日本朝敵ノ事」に登場する同名の人物が考えられる。

『太平記』によれば、

天智天皇（※）の御宇に、藤原千方と云ふ者ありて、金鬼、風鬼、水鬼、隠形鬼と云ふを使えり。伊賀、伊勢を押領し、為めに王化に従ふものなし。因りて紀朝雄・宣旨を奉じて下り討ち、千方遂に殺さる。（※金勝院本では、恒武天皇）

また、『准后伊賀記《じゅんこういがき》』によれば、

藤原千方朝臣・村上天皇の御宇、正二位を望みしに、其の甲斐なくて、日吉の神輿を取り奉つて、伊賀国霧生郷へ籠居す。紀朝雄と云ふ人・副将軍となりて之を討つ。

とあり、金鬼《きんき》、風鬼《ふうき》、水鬼《すいき》、隠形鬼《おんぎょうき》の四鬼の力を操り朝廷に反逆し、伊賀伊勢両国を支配したとして、『太平記』では平将門、平清盛らに比肩される朝敵の一人に数えられている。（※3-1）

ここでいう四鬼は、言い伝えでは陰陽道の識神《しきじん》（式《しき》神《がみ》）とも忍者ともいわれており、三穂太郎《さんぶたろう》と同様、不思議の術を操った異能の人といえる。

確認した範囲では、その他にも『尊卑文脈』に藤《ふじ》原秀郷《わらのひでさと》（ムカデ退治で有名な俵藤太《たわらのとうた》）の孫の千方という人物があり、村上天皇の治世とほぼ一致するが、知られる限りこの千方が反乱を起こしたり、仙術を操ったという記録はないし、満佐《みつすけ》が生きたとされる鎌倉時代末期〜室町時代初頭とはずいぶん時代も異なる。

「外祖」の意味もはっきりしないが、ふつうに捉えれば外祖父または母方の祖先というぐらいの意味と考えられるので、もしかしたら、満佐《みつすけ》の母方である二階堂藤原氏と関わりがあるのかもしれない。

いずれにしても現状では、推測するほかないが、今後の研究調査を通じて、仮説を補強または覆す事実が見つかることが期待される。

※3-1：青山町史編纂委員会編纂『青山町史』青山町役場（三重県名賀郡）,1979.

その四　神様として信仰されるさんぶたろう

巨人さんぶたろうのモデルとされる菅原三穂太郎《すがわらさんぶたろう》満佐《みつすけ》を首領とする菅原氏の一派、いわゆる「美作菅家党《みまさかかんけとう》」の支配地であった岡山県北、美作地方北東部を中心に、彼に関係する神社が複数あり、中でも次の四社には、さんぶたろうの死後、そのなきがらが祀られたとされている。

○頭部を祀る「三穂《みほ》神社」（別名：こうべさま）。奈義町関本《せきもと》地区。学業と頭痛除けの神様として信仰されている。

○胴体（あら）を祀る「杉《すぎ》神社」（別名：荒関《あらせき》様・荒関大明神）。奈義町西原《にしばら》地区。

○右手を祀る「右手《うて》神社」（別名：右手《うて》大明神）。美作市右手《うて》地区（旧勝田町右手《かったちょううて》）。

○上腕（かいな）を祀る「河野《こうの》神社」（別名：にゃくいちさん）。鳥取県八頭郡《やずぐん》智頭町《ちづちょう》。肩や手の病気にご利益がある神様として信仰されている。

上記の神社をご覧になってお気付きの方もあるだろうが、さんぶたろうの下半身（腰、足など）を祀る神社が見当たらないのである。かつては該当する神社があったのか、あるいは元からなかったのか、長年の謎であった。

近年、民話さんぶたろう研究実行委員会による調査の過程で見つかった『奈義小学校第三校舎 第四学年学校文集』という資料には、発行された昭和35年当時、地元の児童が家族や近所の大人に聞き取りを

行った次のような記述がある。（※4-1）

関本《せきもと》の三穂《みほ》神社には、蛇の頭が、また西原《にしばら》の神社には胴が、高円《こうえん》のナギ神社にはこしから下がまつってある。（ルビは追補。）

ナギ神社は諾《なぎ》神社と考えられるので、少なくとも昭和30年代までは、大人たちの間で「諾神社にはさんぶたろうの下半身が祀られている」とされていたものが、いつのころからか云われなくなったものと考えられる。（※4-2）

今回の文集の発見で、巨人さんぶたろうの五体の在り処がすべて揃ったことになる。

※4-1：『奈義小学校第三校舎 第四学年学校文集』昭和34～35年度に奈義小学校第三校舎（＝豊並《とよなみ》分校。現在は奈義小学校に統合。）で教諭を勤められた茅野弘文《ちのひろふみ》先生が、昭和35年度当時、自身が担任した4年生児童の感想文や、児童が家族・近所の大人に聞き取りを行った地域の言い伝えなどをまとめた文集。

※4-2：諾神社の創建年代についてははっきりしないが、『大日本史』には、

奈義神社　癸一作義在勝田郡　神社記云廣岡郷成松村今属勝北郡相傳在中奈義山上後移其山下

『美作國鏡《みまさかのくにかがみ》』には、

従五位上奈義神廣岡郷奈義山に座す今は麓に遷し奉りてなき（諾）大名神なみ（冉）大明神二社とせり三代實録に見ゐて尊き社なり

とあることから、かつては那岐山頂にあったものが暴風で社殿が倒壊したため、中世になって山麓に遷祀されたことがわかる。

その後、成松不老の杜《なりまつおいせぬもり》（『大日本史』中、廣岡《ひろおか》成松村とあるのは現在社殿がある奈義町成松《なりまつ》地区のこと）にあった神社は、明治末期に陸軍日本原《にほんばら》演習場が設けられ、神域の近くに砲弾が落下するようになったため、現在の成松字奥の宮に遷座している。

なお、明治6年2月に村社に列せられた折、一時社号を成松《なりまつ》神社と称していたが、明治16年に諾《なぎ》神社に復し、現在にいたっている。

文集で「高円《こうえん》」地区となっているのは、町内高円《こうえん》、成松《なりまつ》、久常《ひさつね》地区が氏子となり、現在の社殿が3地区の境界付近に位置しているためと考えられる。

第三章
さんぶたろうの史跡を巡る

寺坂 信也

アオジ

「むかし、むかし、さんぶたろういう大男がおって、那岐山に腰かけ、右の足を瀬戸内海、左の足を日本海に漬け、握り飯を喰うておると中に石が入っておって、それを吐き出したのがこの石じゃ…」

　このような昔話が、美作一円に広く、そして数多く伝わっています。2015年民話さんぶたろう研究実行委員会では、このような「さんぶたろう史跡」の悉皆的な調査を行う事にしました。

　調査には1年以上を費やし、30名以上の方に出会い、60件以上の取材を行いました。

　道端で「さんぶたろうの石を探していますが、知りませんか?」と突然声を掛ける場面も多くありましたが、たいていの方はすぐに笑顔になり、中には先に立って道案内までしてくださいました。

　さんぶたろうの史跡は、多くの場所で地名の由来になっており、史跡のある場所にはさんぶたろうの昔話が伝わっています。しかし、我々の力及ばずここに掲載することのできなかった史跡も多くあることでしょう、今後も情報収集を続けて行きたいと考えます。お気づきのことがあれば、ぜひ連絡をいただきたいと願わずにいられません。

　ここでは、さんぶたろうの史跡を紹介し、現在も変わらずに愛される巨人の魅力を感じていただければと思います。

凡例　①名称又は通称【別名等】（奈義町内の地区名）

奈義町内編

①蛇渕《じゃぶち》の滝といりこ石（高円《こうえん》）

　蛇渕の滝は、那岐山《なぎさん》への登山口の入り口にあり、年間を通じて豊富な水量を誇る落差約20mの滝である。昔話の中で、正体を見られ、姿を消した母親の大蛇が再び姿を現した場所であり、地名も昔話に由来するものである。

「蛇渕に雨乞《あまご》いすれば三日のうちに雨降らずということなし」と云われ、古くは「雨乞い」の場所であり、荘厳な佇まいは神域を想わせるもので

蛇淵の滝といりこ石【奈義町高円：滝壺の前の丸い石がいりこ石】

ある。

その滝壺を見上げると一番手前にある丸い一際大きな石は「いりこ石」と呼ばれている。言い伝えでは「さんぶたろうが食べたいりこに石が入っており、それを椀に吹き出したがこぼれた」と云われている。長い辺で3m、高さは約2mの巨石である。さんぶたろうの巨大さや、神としての性質が感じられるスポットである。

出典：『三穂太郎記《さんぶたろうき》』『さんぶたろう考』

②はちまき山【八巻山《はちまきやま》】（高円《こうえん》）

『三穂太郎記』の中に「昨日の姿引き替えて頭はそのままここに居て、大蛇の姿現れ、畝の山を八廻り、物すさましき有りさま」と、大蛇の正体を現した母親が、8周に渡って巻きついたという昔話が名前の由来となっている。

山頂一帯には中世の山城「八巻山《はちまきやま》城跡《じょうせき》」があり、城跡からは町内の山城跡を始め、遠くは美作市の三星城《みつぼしじょう》

はちまき山【那岐山：八巻山城跡への登山口の吊橋】

跡《せき》までもが遠望でき、群雄割拠の歴史を偲ばせる場所である。平成26年には、奈義町が大別当城跡《おおべっとうじょうせき》、八巻《はちまき》城跡《じょうせき》、名木《なぎ》ノ城跡《じょうせき》の三城を巡る遊歩道が整備された。

出典：『三穂太郎記』

③あと岩【跡岩《あといわ》】（高円《こうえん》）

あと岩は、高円地区にある曹洞宗の寺院、連光寺《れんこうじ》の境内から北東に100mほどの雑木林の中にある。『東《とう》作誌《さくし》関本村《せきもとむら》の章』の中に「長八尺横七尺厚五尺の黒岩なり、人の足跡八九歳童子の足跡の如し、駒の足形あり、三穂太郎 諾山《なぎさん》よりあとむきに投げたるより名ありと云う」と残っている。

また『三穂太郎記』の中で、死に際したさんぶたろうが、悩乱し「大岩崩れ飛び去り、石なき所に大石居り、【中略】跡岩跡田跡久保跡石材いい云る所数知らず程ありける」とも書かれており、この跡岩とも想像される。

あと岩【奈義町高円】

一番長い辺が約3・6m、高さは1・6m、周囲は8・6mで、見ようによっては蛇の頭のようにも見える巨石である。この岩のある場所の小字は「アトイワ」と呼ばれ、古くは採草地で、低い草の中にこの石が遠くからでもよく見えたと云われている。

出典：『東作誌』関本村の章『三穂太郎記』

④こうべさま【三穂神社《みほじんじゃ》】（関本《せきもと》）

三穂神社《みほじんじゃ》は、国道53号線の奈義トンネルの奈義町側手前左にある、さんぶたろうの頭を祀った「こうべさま」とされている。

祭神は『三穂太郎満佐《さんぶたろうみつすけ》』と紹介され、境内の社叢《しゃそう》は奈義町の史跡に指定されている。年の数だけ「頭」の文字を書き、奉納すると学業成就するとされ、たくさんの絵馬と「頭」の文字が書かれた紙が奉納されている。

こうべさま【三穂神社】

また、境内入口の鳥居の手前左には平成3（1991）年に有志によって、建立された「さんぶたろう」のモデルと云われる「菅原三穂太郎《すがわらさんぶたろう》満佐公《みつすけこう》之《の》像《ぞう》」の銅像が目を引く。

『三穂太郎記』の中では、さんぶたろうの死後「名義山《なぎさん》（那岐山《なぎさん》）細尾《ほそお》の絶頂に神殿を建立し関本村に三穂大明神を勧進し【中略】これ…」と書かれており、史実と昔話が交差する奈義町ならではの場所と言える。

出典：『三穂太郎記』『さんぶたろう考』

⑤カマダ【釜田《かまだ》】（関本《せきもと》）

『東作誌《とうさくし》』関本村の章の中で「昔賊ありて三穂太郎の釜を盗み帰る所、俄かに大雨降って持ち帰ること能わず、此の所に捨置、故に釜田と云う」と書かれている。前述の三穂神社のある辺りの小字は「釜田」と呼ばれ、釜は今も土中にあると云われている。

出典：『東作誌』関本村の章

カマダ　釜田【奈義町関本】

⑥こもりやま【子鞠山・小丸山】（関本《せきもと》）

関本地内、さんぶたろうの草鞋から落ちた土でできたと云われている。かつては周囲より高くなりまさに「子鞠《こまり》」のように盛り上がっていたが、圃場整備と道の拡幅工事でかつての姿は留めていない。現在も三穂神社の御旅所が置かれている場所である。

出典：『東作誌』関本村の章

小鞠山【奈義町関本】

⑦あらせきさま【杉神社《すぎじんじゃ》 荒関明神《あらせきみょうじん》】（西原《にしばら》）

さんぶたろうが死の際に、五体は各地に飛び散り、この西原のあらせきには、胴体（あら）が流れつき、荒関明神としてこれを祀ったとされている。この辺りの小字を〝あらせき〟と呼ばれ、淀川《よどがわ》に架かる橋は「あらせきはし」と名付けられている。川の東側は馬背状《うまのせじょう》の地形となり、その尾根に「杉神社」がある。

出典：『さんぶたろう考』

⑧よりみつ【頼光・らいこう】（西原《にしばら》）

『三穂太郎記』によると「豊田《とよた》修理《しゅりの》進《しん》の娘を妻として…」とありながら西原村の小菅戸《こすがど》姫《ひめ》「容姿古今無双の

あらせきさま【奈義町西原杉神社】

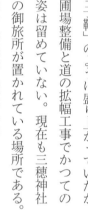

美女」に心乱れ「折々忍び通う」うちに、同じく彼女に心を寄せる同じ村の頼光からねたみを買い、ぞうりに毒針を仕掛けられ落命すると書かれている。物語の中でも「栄耀のあまり」乱心したさんぶたろう、不倫の代償はあまりに大きかったと言わざるを得ない。現在は、西原地区の小字のひとつとして残っている。

出典：『さんぶたろう考』

よりみつ（頼光）【奈義町西原】

⑨宮内神社《みやうちじんじゃ》【那美神社《なみじんじゃ》】（宮内《みやうち》）

和銅3年（710）奈关《なぎ》大明神の分霊を勧請して、麓の宮内《みやうち》村不老杜《おいせぬのもり》に奉遷したのが那美大明神とされ、『東作誌』西宮内《にしみやうち》村之記では〝冊（なみ＝冉）大明神〟の漢字があてられている。

奈关《なぎ》大明神（諾《なぎ》神社）が伊邪那岐《いざなぎの》命《みこと》を祀るのに対し、那美大明神（宮内神社）には伊邪那美命《いざなみのみこと》が祀られる。明治4年「那美神社」と改め、同5年2月に現在の社号である宮内神社となった。

宮内神社【奈義町宮内：那美神社】

⑩足あとの池【那美池《なみいけ》・道林坊《どうりんぼう》】（宮内《みやうち》）

さんぶたろうの足跡と言われるた

め池で、かつては足形をしていたが、現在は周囲が整備され〝足形〟は失われている。
宮内地区の陸上自衛隊日本原《にほんばら》演習場内にあり、差渡し200m、幅70mほどの長円形で、道林坊（どうりんぼう）とも呼ばれている。『東作誌』に「三穂太郎足跡、二十間四方地字道林坊にあり」とある。

出典：『東作誌』宮内村の章『さんぶたろう考』

那美池【堂林坊　奈義町宮内】

⑪アトダ【跡田《あとだ》】（西原《にしばら》）

『さんぶたろう考』には「五畝ばかりの足形様の田」と書かれている、現在も「アトダ」と呼ばれているが、圃場整備の中で〝足形〟は失われている。京へ上る時の第一歩とも云われている。

出典：『さんぶたろう考』
案内：野々上正裕（奈義町　西原）

⑫峪谷《さこだに》の足あと（柿《かき》）

奈義町の東山《ひがしやま》工業団地からなぎビカリアミュージアムに抜ける道の途中、峪谷《さこだに》に「さんぶたろうの足あと」と呼ばれる窪地がある。

アトダ【奈義町西原】

『東作誌』勝北郡東豊田庄柿村の項に、次のような記述がある。「三穂太郎足跡　浴谷にあり八間四方の溜池を云ふ　夏冬共水あり」とある。
現在では、半ば湿原と化し、表面を草が覆っているため、一見しただけでは判別しにくくなっているが、高い樹木が少なく周囲から一段低く見えるため、もとは池だったことが分かる。

出典：『東作誌』柿村の章『さんぶたろう考』

浴谷の足あと【奈義町柿】

⑬さんぶりろうの足あと（荒内《あらうち》西《にし》）

『さんぶたろう考』に「さんぶりろうの足あと」が荒内西地区の「新池の東方、むかしくぼみあり」とあるが現在は確認できない。

出典：『さんぶたろう考』

⑭くろべえ【吉光《よしみつ》九郎《くろう》兵衛《ひょうえ》之碑】（豊沢《とよさわ》）

豊沢地区、国道53号線脇に、森藤《もりとう》家累代の墓所の一角に大小の石碑があり、大きい方には「吉光《よしみつ》九郎《くろう》兵衛《ひょうえ》」、小さい方には「藤原鎌足二十世孫森藤九郎兵衛」と刻まれている。
町内には、力持ちの吉光九郎兵衛

くろべえ【奈義町豊沢：吉光九郎兵衛の碑】

をモデルにした「くろべえ力持ち」の昔話が伝えられており、「くろべえ」「くろべい」などと呼ばれ親しまれている。

小山ほどの草を積んだ牛を背負って歩いたり、一畳敷きほどの石を持ち上げて橋を架けたり、さらには因州一の力持ち「彪《ひょう》の首万《くびまん》兵衛《べえ》」と相撲をとり、因州東伯郡《いんしゅうとうはくぐん》の彪の首の家まで投げ飛ばしたりした昔話が伝わっている。

大変な強力《ごうりき》だったことが想像され、池をつくり、巨石を動かすさんぶたろうの力強いイメージと重なるものがある。

⑮ちんぽ石（広岡《ひろおか》）

陸上自衛隊日本原演習場内、大谷《おおたに》池《いけ》北方の山中に、「愛宕山大権現《あたごやまだいごんげん》」「秋葉山大権現《あきばさんだいごんげん》」と刻まれた年代不明の高さ120㎝の石碑がある。

ちんぽ石【奈義町　広岡：愛宕山】

『さんぶたろう考』によると、「さんぶたろうのちんぽ石、広岡地区の大《おお》谷池《たにいけ》の北方、あたごさまの上の方に、約1m高の石、男根に似ている。」とあり、現地周辺及びさらに北上して山中を調査したが、それらしき石は確認できなかった。

山中に大きな岩を掘り返した跡と思われる窪地が何か所かあり、すでに掘り出されてしまったか、または、形状や大きさから推測して上記の石碑がちんぽ石である可能性が考えられる。

出典：『さんぶたろう考』
案内：土居能明（奈義町広岡）

⑯おかゆの石（滝本《たきもと》）

『さんぶたろう考』によると「一抱以上もある表面が滑らかな石、さんぶたろうのおかゆの中にはいっていた、現在は某家の墓の台座となっている」とされているが、確認することはできなかった。

出典：『さんぶたろう考』

⑰櫃石《おひついし》（滝本《たきもと》）

『さんぶたろう考』に「お櫃石、元近藤《こんどう》の久保田《くぼた》にあった。人の身長位も高さがあり、飯をすくう杓子《しゃくし》の跡があった。那岐池《なぎいけ》構築の時、石垣用に砕石された」とある。

出典：『さんぶたろう考』

⑱飯茶碗《めしちゃわん》の石【大神岩《おおかみいわ》】（那岐山《なぎさん》）

飯茶碗の石（大神岩）【那岐山】

那岐山の登山道脇（Cコース）、標高1000m付近にある周囲約45mの巨岩大神岩《おおかみいわ》は、さんぶたろうの飯茶碗の石と云われている。

『さんぶたろう考』に「奈義《なぎ》（那岐）山大神岩《おおがみいわ》の下方黒石、雨の時その下方に入り避けることができる」とある。岩の南側に下ると「不動明王《ふどうみょうおう》」と刻まれた高さ130㎝岩があり、大人でも入れるほどの大きな岩の裂け目がある。裂け目の中の岩肌には「大日如来《だいにちにょらい》」と刻まれ、さながら「胎《たい》内《ない》くぐり」の趣である。

先人たちの信仰と、自然への畏敬の念を感じることができる場所である。

出典：『さんぶたろう考』

⑲きんたま池（滝本《たきもと》）

滝本地区、滝川《たきがわ》つくし幼稚園の東側。小字八軒屋《やけや》の民家の敷地内に、さんぶたろうのきんたま（金玉＝陰嚢）が擦れた跡といわれる池がある。以前は小さな沼のようだったが、道路の拡幅工事で周辺がコンクリートで固められて、一辺が4mほどのプールのようになっている。現在でも豊富に水が湧き出ており、涸れることなく満々と水を湛え続けている。

先述の「ちんぽ石」とともに豊穣、多産、開運の象徴としての生殖器崇拝の名残りであり、原初の神の特徴を受け継ぐ巨人さんぶたろうの強い霊力を表していると考えられる。

出典：『さんぶたろう考』

⑳きんたま淵（中島西《なかしまにし》）

『さんぶたろう考』に「中島西《なかしまにし》津山《つやま》渡瀬《わたらせ》の北方にきん玉ができた淵がある」書かれていますが、こちらは河川改修のため、現在は失われている。

出典：『さんぶたろう考』

金玉池【奈義町滝本：八軒屋】

㉑実兼《さねかね》古墳群《こふんぐん》（久常《ひさつね》）

久常地区、釈迦免下池《しゃかめんしもいけ》を西に見ながら丘を登り、200ｍほど籔こぎをした先に「実兼古墳群」の標柱があらわれる。

実兼古墳群は、山の尾根に南北約1Ｋに渡り続く16基の古墳群の事であり、6世紀末から7世紀初頭にかけてつくられたものと推測され、奈義町の史跡に指定されている。

「実兼」は当地の小字名であり、美作国の押領使《おうりょうし》としてこの地を支配したといわれる、菅原道真《すがわらのみちざね》の子孫「実《さね》兼《かね》」にちなんだ地名と云われている。

實兼古墳群【奈義町久常】

古墳には、中世美作菅家《みまさかかんけ》の祖「菅《すが》原知頼《わらともより》」とその子孫の墓との言い伝えがあるほか、『東作誌』によると、標柱から西側に見える台形の丘の上に「菅原実兼《すがわらさねかね》」が館を構えたとの言い伝えも残っている。

実兼は、巨人さんぶたろうのモデル菅原三穂太郎満佐《すがわらさんぶたろうみつすけ》の父（または祖父）といわれている。

出典：『さんぶたろう考』

㉒諸神社《なぎじんじゃ》（高円《こうえん》）

奈義町の前身、豊並村《とよなみそん》で昭和34（1959）年に小学校の教師をされていた方から資料をいただく機会があった。当時の4年生が地元の歴史や言い伝えなど調べるという課題を文集に纏めたものの中には「死んださんぶたろうの飛び散った体の腰から下は高円のなぎ神社へ」と書かれている。現在はそう語られておらず、失われていた彼の〝足〟を諸神社《なぎじんじゃ》に発見できた。

なぎ神社【奈義町高円】

諸神社《なぎじんじゃ》は、国道53号線の豊沢交差点を北に800メートルほどの場所にある。

鳥居前には、江戸時代の万葉歌人平賀元義《ひらがもとよし》（1800〜1866）の歌碑があり

「並々《なみなみ》に　思《おも》ふな子《こ》ども水尾《みずのお》の　御《み》文《ふみ》に載《の》れる　神《かみ》の御山《みやま》ぞ」

という歌が万葉仮名で刻まれている。「水尾《みずのお》」は水尾帝《みずのおてい》＝清和《せいわ》天皇を、「御文」は当時の朝廷の公文書「三代実録」を指し、この文書中、貞観5（864年）年5月28日条に、奈岐《なぎ》神が従五位上の神階を授けられたという記録が、確認できる限り那岐山の神に関する最古の記述といわれている。

神社の創建年代については『大日本史』によると「奈義神社　癸一作

義在勝田郡　神藤記云廣岡郷成松村今属勝北郡相傳在中奈義山上後移其山下」

『美作國鏡』に「従五位上奈義神廣岡奈義山に座す今は麓に遷し奉りてなき（諾）大名神なみ（冉）大明神二藤とせり三代實錄に見ゐて尊き藤なり」とあることから、この神社が、かつては那岐山頂にあり、山そのものを御神体としていたことが推測される。

那岐山とその神格化である奈義神の持つ雄大なイメージが、巨人さんぶたろうとその母（大蛇）の物語形成に大きな影響を与えているかもしれない…そんなインスピレーションを与えてくれる、神聖な気配に満ちた神社である。

豊田墓古墳【奈義町西原】

㉓豊田屋敷《とよたやしき》【豊田氏墓北《とよたしばかきた》1号墳《ごうふん》・北《きた》2号墳《ごうふん》】（西原《にしばら》）

奈義町総合運動公園の野球場がある丘陵の東部、グラウンドゴルフ場の東南付近に、豊田氏墓北1号墳及び北2号墳がある。

言い伝えでは、豪族豊田《とよた》右馬頭《うまのかみ》の娘でさんぶたろうの妻小菅戸《こすがど》が住んでいた屋敷跡がある場所とされている。『三穂太郎記』には「豊田修理進《とよたしゅりのしん》の娘を妻として」とも書かれている。

出典：『三穂太郎記』

㉔那岐山《なぎさん》のきんすり【金《きん》ずり】（那岐山《なぎさん》）

奈義町から東側で那岐山を見上げ、一番高い所から東側で稜線が一段下がる所があり〝きんすり〟と呼ばれている。『さんぶたろう考』に「奈義山をまたいだときふぐりが触れて山頂の一部がへこんだ」と書かれている。

出典：『さんぶたろう考』

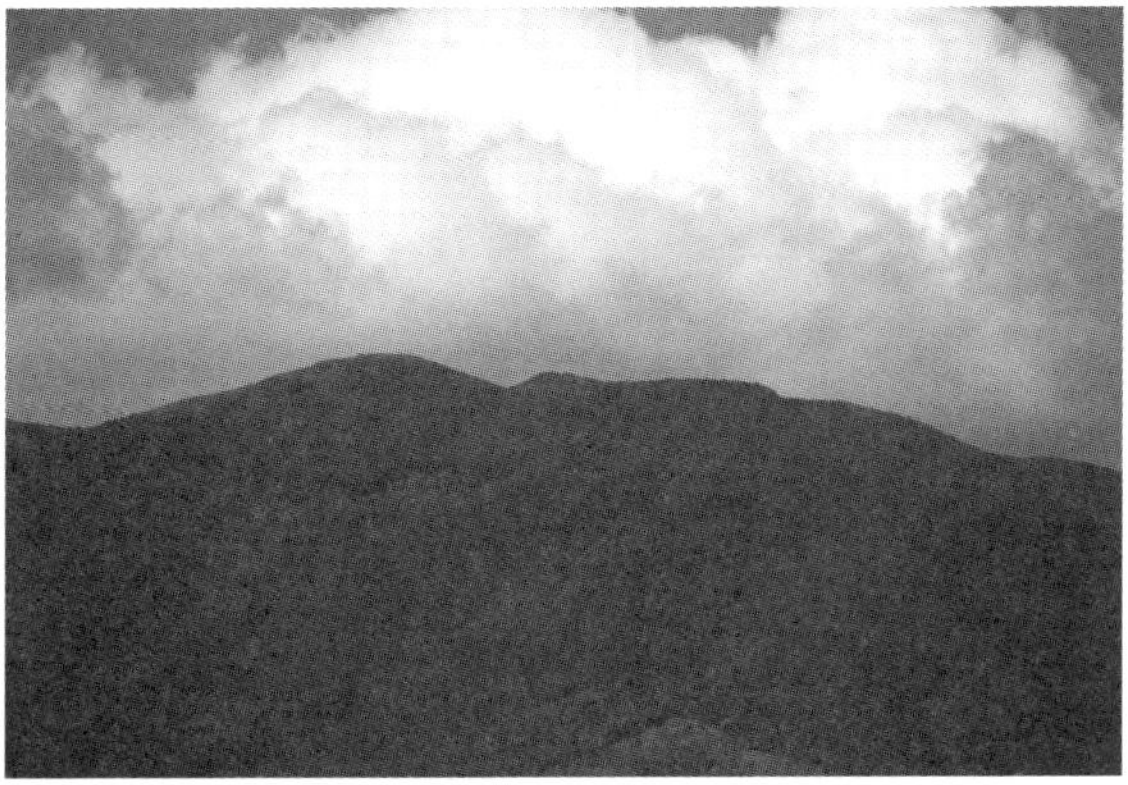
那岐山のきんすり【那岐山】

㉕くろぼこ　【黒土《くろつち》】

くろぼことは、この地方の方言で「黒土」のことを指す。耕作に適した肥沃な土壌も実はさんぶたろうが作ったのである。

『三穂太郎記』には、さんぶたろうが亡くなると「其死肉悉く腐りて墨となりぬ。何国にても黒ぼことといふ土ありといえ共、此庄内に限り誠に黒きこと摺墨如くなり」と書かれている。

中国の神話で天地を開闢《かいびゃく》した原初神「盤古《ばんこ》」も死んだ血肉が土となり川となっている。大男さんぶたろうは、様々なところにヒントを求めて生まれているのであろう。

出典：『さんぶたろう考』

㉖じゃがたに・ちあらいのたに
【蛇ケ谷・血洗いの谷】（高円《こうえん》）

『さんぶたろう考』では「さんぶたろうが死にあたり奈義（那岐）山の一角が崩れた」場所と言われている。

また「一説には鎌倉山城《かまくらさんじょう》の北方で戦いがあり、その血を洗った」とも書かれている。

出典：『さんぶたろう考』

㉗飯茶碗《めしちゃわん》の石《いし》と二個目《にこめ》の石《いし》（西原《にしばら》）

西原地区の淀川《よどがわ》にあるさんぶたろうの飯茶碗に入っていたという石で、小字を取って「細田《ほそだ》の石《いし》」とも云われている。

『さんぶたろう考』には「高さ横ともに２ｍ以上」とあるが、大水で流され、砕けたため半分ほどの大きさになっている。そこから１００ｍほど上流に「二個目の石」がある。飯茶碗から出てきた2個目の石と云われている。川幅が広くなり底も深い場所に岸から突き出るようにある長辺が約7m、約2mほど水面に出ている巨石である。昔、子ども達がこの石から川に飛び込んで遊んでいたという。

出典：『さんぶたろう考』

細田の石（二個目の石）【奈義町西原】

㉘三穂太郎屋敷《さんぶたろうやしき》と雪隠石《せっちんいし》（那岐山《なぎさん》）

『白玉拾《しらたましゅう》』の中に「三穂太郎屋敷は、人形岩《にんぎょういわ》より辰巳《たつみ》（西北）の方に見え、絶頂近き所なり。東西二十間、南北十五間、西、北、東に掘り有り。西の方二十三間、馬乗り馬場有り、辰巳（南西）の方に井戸有り、南の方に雪隠踏み石、両方長さ八間、横六間の黒石なり」とある。

さんぶたろう屋敷【那岐山：写真右側のピークは滝山山頂】

那岐山から滝山への縦走路の途中から、南側へクマザサをかき分けて下り、尾根を15分ほど下ると、数段の段々畑状の地形がある。中世の山城は山の尾根や頂《いただき》に郭《くるわ》と呼ばれる平坦部を重ねた構造を持ち、三穂太郎屋敷も規模は小さいながら中世の山城ではないかと考えられる。また、周辺には大小の岩が多く点在しているが「雪隠石」は特定できなかった。

出典：『さんぶたろう考』
案内：前原時夫（勝央町 黒土）

㉙はし【菩提寺《ぼだいじ》のイチョウ】（高円《こうえん》）

　那岐山の中腹にある浄土宗《じょうどしゅう》の寺院菩提寺《ぼだいじ》は、浄土宗の開祖法然上人《ほうねんしょうにん》が幼いころ仏教の手ほどきを受けた場所で「初学《しょがく》の地」として名高い場所である。境内にある「菩提寺のイチョウ」（昭和3（1928）年国指定天然記念物）は、法然上人（幼名勢至丸《せいしまる》）がここに来る時ついてきた杖を学業成就を願い、突き立てたところ根付いて育ったものと云われている。

はし（菩提寺のイチョウ）【奈義町高円】

　また、このイチョウには、さんぶたろうが使った箸《はし》を挿したものという昔話もある。樹齢推定900年、奈義町のシンボルとも言える巨樹である。

㉚連光寺《れんこうじ》（高円《こうえん》）

　『三穂太郎記』の中で、さんぶたろうの父親が、山中で出会った美女に恋をし、和歌を交わし恋を育む場面がある。この恋歌のやり取りの仲立ちをしたのが僧侶長光坊《ちょうこうぼう》である。物語のなかで長光坊のいた寺は高円にある、曹洞宗《そうどうしゅう》連光寺《れんこうじ》と云われている。

出典：『三穂太郎記』

㉛七曲《ななまがり》【七曲坂《ななまがりさか》】（高円《こうえん》）

　さんぶたろうの父親と、大蛇の化身の女が出逢った場所と云われている。

　奈義町の運営する観光施設「山の駅」から菩提寺の方に1㎞ほど北で、淀川を渡る橋のある場所である。蛇渕への遊歩道、東屋などが整備されている。

出典：『なぎ昔話語りの会』

㉜皆木保實《みなぎやすざね》【三穂太郎記《さんぶたろうき》】（皆木《みなぎ》）

　皆木保實（1767―1851）は現在の奈義町皆木に生まれた学者、

白玉拾（津山郷土博物館蔵）

皆木保實の墓【奈義町皆木】

歴史家である。農民の身分であったようであるが、津山藩士正木輝雄が編纂した『東作誌』の調査に協力した記録がある。また、郷土の歴史を自身の研究や趣味を百巻の書に纏めた『白玉拾』を残し、郷土史の貴重な資料となっている。

　また、民話さんぶたろうの原作とも云われる『三穂太郎記』は保實の作であることを示唆する記述（和歌）が各所に散見される。墓は皆木地区を見下ろす場所にあり、墓石には同年に亡くなった奥さんの名前も刻まれている。

案内：皆木早生（奈義町　皆木）

町外編

凡例　①名称又は通称【別名等】（市町村名　地区名）

①右手《うて》大明神　【三社《さんじゃ》大明神】（美作市《みまさかし》　右手《うて》）

美作市右手《うて》地区にある三社大明神は、さんぶたろうの死の時、飛び散

右手大明神【美作市右手：三社大明神】

った五体のうちの「右手《みぎて》」を祀った右手大明神のことである。梶並川《かじなみがわ》の清流の中州に建ち、小さな橋を渡って境内にはいるとそこはまさに神域を感じさせる場所である。『さんぶたろう考』では「右手大明神、梶並右《かじなみう》手《て》の産土神、三穂太郎勝正の右手を祭る。」と書かれている。

出典：『さんぶたろう考』

②にゃくいちさん【因幡《いなば》若一宮《にゃくいちぐう》河野《こうの》神社《じんじゃ》】（鳥取県《とっとりけん》 智頭町《ちづちょう》 三吉《みよし》）

岡山県側から国道53号線で鳥取県に入ると最初の町が智頭町である。三吉地区の国道沿いにある「にゃくいちさん」こと河野《こうの》神社には、さんぶたろうの腕（かいな）を祀ったと云われている。

にゃくいちさん（河野神社の手形）【鳥取県智頭町】

参拝された方は、奉納されている木の手形を持ち帰り、患部を撫で快癒祈願をし、治ると改めて手形をつくり、お礼に奉納する「倍返し」の風習が、今なお伝えられている。現在でも山陽側からの参拝のほうが多いそうで、現在までも続くさんぶたろうへの親しみの深さを物語っている。

出典：『さんぶたろう考』

③美《み》ノ《の》坂《さか》のべんとう石（美作市 右手《うて》）

「さんぶ太郎考」で「右手《うて》奥の坂立《さかたて》石《いし》に腰をかけて昼飯を食べていると、

美ノ坂の弁当石【美作市右手】

飯の中に小石が入っており、箸でつまんで投げ捨てたのが向かい側の奥の坂に落ち地面に食入り止まった」と云われる石がある。

先の三社《さんじゃ》大明神から北に進むと美《み》ノ坂《のさか》集落があり、小さな橋のたもとにまさに〝突き刺さったごとく〟ある巨石が美ノ坂《みのさか》のべんとう石である。石の上には昭和47年の美ノ坂《みのさか》林道開通の記念碑が乗っている。

腰かけていたという〝坂立石〟とは、袴ケ山《はかまがせん》の山頂近くの「えぼし岩」の事であろうか。

出典：『さんぶたろう考』

④余野《よの》のべんとう石（美作市《みまさかし》　余野《よの》）

美作市余野地区にある「贈正五位《ぞうしょうご》鷹取種佐之碑《たかとりたねすけのひ》」はさんぶたろうの弁当に入っていた石を使って建てられたと云われている。道路の付け替えで島のように残された場所にある、台座を含めると高さ約4・5mの船型の石である。『東作誌』の中で、因《いな》幡《ば》国船上《せんじょう》山で挙兵した後醍醐《ごだいご》天皇に呼応し「美作菅家《みまさかかんけ》」は、三百余騎が天皇を助けるべく出兵したとあり、大正時代になって、東作誌に書かれている人物が相次いで叙勲をされ、その一人がこの「鷹取種佐」である。

余野のべんとう石【鷹取種佐の石碑】

石碑は昭和4年に建立されたものである。

案内：旦宏行（美作市余野）

⑤永谷《えいたに》のべんとう石【えだに】（美作市《みまさかし》　馬形《まがた》）

美作市馬形《まがた》地区と粟井中《あわいなか》地区の境

永谷のべんとう石【美作市馬形】

にある石は、さんぶたろうの弁当に入っていた石と云われている。この辺りの小字を永谷《えいたに》と言い、以前の集落の跡が林の中に残っている。石は大人がふた抱え程の丸い形で、車道脇にある。

出典：『美作の民話集古からのおくりもの』
案内：新免欣造（美作市 馬形）

⑥海田川《かいたがわ》のべんとう石
（美作市《みまさかし》　巨勢《こせ》）

美作市巨勢《こせ》地区と海田《かいた》地区との境近く、海田川がゆっくりと曲がる場所は、小字を大石《おおいし》といい、川の中に高さ3m、横幅は2m程の巨石があった。この石は、さんぶたろうが四国に向かう途中、大山《おおやま》に腰をかけ、むすびを食べていると、中から石が出てきて、指でつまんで捨てた石と云われていたが、車道の拡幅と護岸工事のため削岩され失われた。

出典：『美作の民話集古からのおくりもの』
案内：和田固士（美作市　巨勢）

海田川の弁当石【美作市巨勢：写真中央付近の川底にあった】

⑦四ノ谷《しのたに》のべんとう石
（美作市《みまさかし》　楢原下《ならはらしも》）

美作市楢原下地区の四ノ谷池《しのたにいけ》の奥の車道脇の雑木林にある石は、さんぶたろうが弁当に入っていた石を箸でつまんで捨てたものと云われている。横幅約2m、高さは約1・4mでちょうど「おにぎり」のような形

四ノ谷のべんとう石【美作市楢原】

をしている。
案内：寺元弘一（美作市　楢原下）

⑧飯行李《めしごうり》の石【落石《おちいし》】（津山市《つやまし》　奥津川《おくつがわ》）

『さんぶたろう考』に「勝北町声ヶ《しょうほくちょうこえが》乢《たわ》、奥津川よりの地点、牛よりやや大きいくらいの石、さんぶたろうの飯行李の中に入っていたもの」と書かれている石がある。現地は昔、梅園があった場所の斜面にある。「さんぶたろうさんの弁当に入っていたのを箸でつまんで落とした」ものと伝わっている。そのため、この辺りは「落石《おちいし》」と呼ばれ、ここでもさんぶたろうが、地名の由来になっている。

昭和初期の頃は牛を放牧し、広場のようになっていて「遠くからでも良く見えていた」そうである。石は牛どころか、高さ幅ともは3m以上もある、赤錆色《あかさびいろ》の巨石である。

出典：『さんぶたろう考』
案内：平山明子（津山市奥津川）

飯行李の石（落石）【津山市奥津川】

⑨かさね岩《いわ》【重岩　つみ岩】（美作市《みまさかし》　湯郷《ゆのごう》）

かさね岩は、美作市湯郷《ゆのごう》温泉街の西端、浄水場施設の隣にある幅6m、高さ3mの巨石である。四角い大小の巨石が一見危なげに重なった特異

かさね岩【美作市湯郷】

な形から「かさね岩」と呼ばれて親しまれている。地元の昔話では、さんぶたろうが、弁当に入っていた石を箸でつまんで出し、重ねたと云われている。

美作市湯郷温泉ではさんぶたろうの観光資源化を進めており、温泉街の入り口には1時間おきに、さんぶたろうが登場するからくり時計がある。また、市営の「足湯」にはさんぶたろうの大きな〝足形〟に作られた、昔話を紹介するパネルが展示されている。

さんぶたろうのからくり時計
モニュメント（美作市湯郷）

出典：『美作の民話集古からのおくりもの』

⑩杖のあと（美作市《みまさかし》　真加部《まかべ》）

美作市真加部の川にある巨石、30㎝程度のくぼみが無数にあり、さんぶたろうが杖を突いたときにできた穴といわれている。「小淵《おぶち》の甌穴群《おうけつぐん》」として案内板が設置されており、また、「イボ池様」ともいわれ、岩底から湧き出る水でイボを洗えば治るとされて云われている。

杖のあと（小渕の甌穴群）【美作市真加部】

出典：『さんぶたろう考』

⑪杖のあと（津山市《つやまし》　綾部《あやべ》）

津山市綾部《あやべ》地区の綾部神社《あやべじんじゃ》境内に、さんぶたろうが杖を突いた跡とされる石がある。浅い石臼状《いしうすじょう》の一抱えほどの石で高さは約70㎝、側には「奈義伝説三穂太郎杖の跡石」の標柱が立てられている。

『東作誌綾部村の章』の中に「杖の跡石、国ケ原に有り、三穂太郎の古跡と云う、往来の傍らにあり」と書かれており、この石を指すものと考えられる。

出典：『さんぶたろう考』

高山の杖のあと【鏡野町高山：三谷川】

⑫杖《つえ》のあと（鏡野町《かがみのちょう》 高山《たかやま》）

鏡野町高山地区、三谷《みたに》川の底に直径20㎝、深さ60㎝の穴があり「大人《おおひと》の杖の跡」と云われている。

出典：『鏡野町史 民俗編』

いりこ石（おおいわさま）【勝央町曽井大岩】

⑬いりこ石【おおいわさま】（勝央町《しょうおうちょう》 曽井大岩《そいおおいわ》）

いりこ石は、高さ4m・幅7mの巨岩で地区名の由来になっている。地区の小高い山の頂近くにあり、さんぶたろうの食べたいりこ石と云われ、「人いわさま」として親しまれている。

出典：『さんぶたろう考』

⑭池ケ原《いけがはら》の足あと（津山市《つやまし》 池ケ原《いけがはら》）

池ケ原の足あとは、国道179号、津山市池ヶ原の信号交差点を公会堂方面に800mほど南下し、そこからさらに東に200mほど徒歩で籔こぎした先に、「さんぶたろうの足あと」と呼ばれる場所がある。差渡し50mほどの窪地で、北側がかかと踵、

池ケ原の足あと【津山市池ケ原】

南側がつまさきと見える形状をしている。現在は木々が生い茂り足形は確認できない。

案内：丸尾久重（津山市池ケ原）

⑮小瀬《こせ》の足あと（美咲町《みさきちょう》　小瀬《こせ》）

美咲町小瀬地区、柳原西小学校近くの「火《ひ》田《だ》城橋《じょうばし》」の西側100mほどのところにあった。吉井川の河川敷にあると云われている足あとである。「弁慶の足あと」とも伝わっている。現在は確認できない。

出典：『やなはらの民話』
案内：林田増美（美咲町小瀬）

⑯木田谷《きだたに》の足あと（美作市《みまさかし》　楢原下《ならはらしも》）

楢原下《ならはらしも》地区の木田谷の砂防ダムから山側の500mほどの地表にある2mほどの巨岩である。表面に約50cmの人の足形に似た窪みがあり「三穂太郎の足あと」と云われているが、現在は土に埋もれ確認できない。

出典：『美作町史 地区史編』『美作の民話集

小瀬の足あと【美咲町小瀬】

宗掛の足あと【美作市宗掛】

古からのおくりもの』

⑰宗掛《むなかけ》の足あと（美作市《みまさかし》　宗掛《むなかけ》）

美作市宗掛のゴルフ場南側の外周を走る車道の北側にあり、地元の方が「蓮池《はすいけ》」と呼ぶ池は、さんぶたろうの「足あと」と云われている。車道に一部を切り取られたような形状で、差し渡し15m程の池である。名前のとおり初夏には蓮の花で埋め尽くされるという。

案内：江見憲二（美作市宗掛）

⑱植月《うえつき》の足あと（勝央町《しょうおうちょう》　植月《うえつき》）

勝央町植月、現在のＪＡ勝英勝央支店の西側にあった長良池《ながらいけ》は、さんぶたろうの足あとと云われていた。池の南側には巨石があり、足形の窪みがあったとも云われているが、現在は、圃場整備で池は埋め立てられ、石も失われている。『さんぶたろう考』には京へ向かう「第二歩目の跡である」ともある。

出典：『さんぶたろう考』

⑲河本《こうもと》の足あと（鏡野町《かがみのちょう》　河本《こうもと》）

鏡野町河本《こうもと》地区の福泉寺《ふくせんじ》前のコミュニティー広場は「巨人の足跡」と云われている。この足あとは左足で、右足は「久米郡打穴《うたの》（現在の美咲町）」にあると伝えられている。広場には、昭和5（1930）年、当時早稲田大学学長平沼淑郎《ひらぬまよしろう》氏の揮毫による「巨人足跡」の碑が建てられている。

出典：『鏡野町史 民俗編』

河本の足あと【鏡野町河本：巨人足跡の石碑】

⑳鍋山《なべやま》の足あと（美作市《みまさかし》　尾谷《おだに》）

美作市尾谷地区、海田川《かいたかわ》の上流尾谷地区の小字鍋山《なべやま》に、さんぶたろうの足あとと云われる巨石がある。現在は土砂に埋まり姿は見ることはできないが、巨石には足形の凹みがあり、昔は雨乞いの神事を行っていたという。

出典：『美作の民話集古からのおくりもの』
案内：江見弘一（美作市海田）
　　　小林正（美作市海田）

㉑安井《やすい》の足あと（津山市《つやまし》　安井《やすい》）

『さんぶたろう考』に「足跡田あり」と記録があるが探し当てる事はできなかった。

鍋山の足あと【美作市尾谷：写真の中央のこんもりとした部分に埋まっている】

出典：『さんぶたろう考』

㉒熊井谷《くまいだに》の足あと（津山市《つやまし》　綾部《あやべ》）

『東作誌』に「綾部《あやべ》村熊井谷《くまいだに》の内西畑に在り、三穂太郎の古跡と云う」との記述があるが、探し当てる事はできなかった。

出典：『さんぶたろう考』

㉓連石《れんじゃく》のきんすり（美咲町《みさきちょう》　連石《れんじゃく》）

美咲町の連石に広がる広大なブドウ農場の一角にある選果場施設のある場所は、さんぶたろうが那岐山から是里《これさと》（赤磐市《あかいわし》）を跨いだとき、きん玉が触れてへこんだ場所と云われている。

連石のきんすり【美咲町連石】

この場所には、かつて澄んだ水をたたえる小さな池があったそうだが、現在の選果場の建設のため埋め立てられた。那岐山が遠望できる、とても気持ちの良い場所である。

出典：『やなはらの民話』
案内：福井正（美咲町百々）

岡のきんすり【勝央町岡】

㉔岡《おか》のきんすり（勝央町《しょうおうちょう》　岡《おか》）

勝央町岡地区の伝説に「間山西《まやまにし》、塩滝《しおたき》の上に位置する山頂を跨いだとき、金玉が擦れて凹地となり、草木が繁茂せず、肌地となった」と書かれている。現地は現在木々が生い茂り窪地は確認できない。

出典：『古《いにしえ》を訪ねて岡地区歴史探訪』

㉕瓜生原《うりゅうばら》のきんすり（津山市　瓜生原《うりゅうばら》）

津山市瓜生原の山の斜面に木の生えない場所があり、さんぶたろうの「きんすり」とされている。

出典：『さんぶたろう考』

㉖十王堂《じゅうおうどう》【吉田《よしだ》の油地蔵《あぶらじぞう》】（勝央町《しょうおうちょう》　東吉田《ひがしよしだ》　東光寺《とうこうじ》）

十王《じゅうおう》とは、仏教で亡者を裁く10人の裁判官のような仏で。『さんぶたろう考』に『東作誌』の記述を引用し、「十王堂」として紹介されている。「三穂太郎背負い来て落とす（中略）康暦二年庚申二月二九日子時立願主敬白円仏建」と書かれており、この刻文は東吉田地区の真言宗の寺院東光寺《とうこうじ》境内にある「吉田の油地蔵」に刻まれているものと一致し、この地蔵菩薩立像を指すものと考えられる。昔は寺の前を流れる滝川《たきがわ》の畔にあったが、大正時代に現在の場所に移された。

吉田の油地蔵【勝央町東吉田：東光寺】

「油をかけてお祈りすると、いかなる難病にもご利益がある」とされ、高さ186cmの花崗岩製の地蔵は、油により黒光りをしている。昭和34（1959）年岡山県重要有形文化財に指定されている。

出典：『さんぶたろう考』
案内：川村光範（東光寺住職）

㉗もっこの土【能登香《のとか》山・双子山《ふたごやま》】（美作市《みまさかし》　粟井中《あわいなか》）

もっことは、縄《なわ》や竹《たけ》、蔓《つる》などを編んだかごを、天秤棒《てんびんぼう》の両端に下げて土砂を運ぶ道具の事である。さんぶたろうが「力試に二つの山を一荷にしてかついだところ、もっこの緒《お》（つりさげた紐）が切れて、落ちた土で、双子山ができた」と云われている。双子山とは、美作市粟井中の能登香山（標高398・6ｍ）のことである。山頂がフタコブラクダの背中のような形になっており、地元では双子山とも呼ばれている。

出典：『さんぶたろう考』

もっこの土（双子山・能登香山）【美作市粟井中】

㉘もっこの土【男女山《おとめやま》】（鏡野町《かがみのちょう》　土居《どい》）

鏡野町土居地区にある男女山（標高260・3ｍ）は、大人《おおひと》（巨人《きょじん》）が担いでいたもっこの緒が切れて落ちた土でできたと云われる山である。現在は男女山公園として整備されている。遠望する姿は、まさに「もっ

もっこの土（男女山）【鏡野町土居】

この緒が切れた」を想像させる姿である。

出典：『鏡野町史 民俗編』

㉙風《かぜ》の穴《あな》【風《かぜ》ノ《の》宮神社《みやじんじゃ》】（津山市《つやまし》　大吉《おおよし》）

さんぶたろうの断末魔の喘ぎは広《ひろ》戸《ど》風《かぜ》になったと云われる。陸上自衛隊日本原《にほんばら》演習場内にある風《かぜ》ノ《の》宮神社《みやじんじゃ》には広戸風の吹き出す「風《かぜ》の穴《あな》（風《かざ》穴《あな》とも）」があると云われている。現在〝穴〟は確認できないが「森の殿様が石を詰め込んだ」「戦時中には演習で大砲を打ち込んだ」などの言伝えもある。

風の穴（風の宮神社）【津山市大吉】

㉚さよ姫【佐用都比賣神社《さよつひめじんじゃ》】（兵庫県《ひょうごけん》 佐用町《さようちょう》 本位田《ほんいでん》）

さんぶたろうはみんなから慕われ、太郎の嫁さんになりたいという娘も大勢あった。中でも器量よしの佐用姫と気立ての優しい豊田姫《とよたひめ》を気に入った太郎は、迷うたあげくに豊田姫を嫁に貰うた。ところがそれを恨んだ佐用姫《さようひめ》はある日のこと、たろうの履く大きなぞうりに小さな毒針を差し込んだ。

さんぶたろうに登場する、さよ姫との関係は不明であるが、中国道佐用ＩＣから南西に１㎞ほど、佐用消防本部の西側に、大きな石鳥居のあ

さよ姫【兵庫県佐用町】

る神社が、佐用都比賣神社《さよつひめじんじゃ》である。嫉妬に狂った美女〝さよ姫〟を思い描きながら参拝をさせていただいた。
出典：『なぎ昔話語りの会』

㉛しおの下様《したさま》【えぼし岩】（美作市《みまさかし》　東谷上《ひがしだにかみ》）

袴ケ山《はかまがせん》（標高930m）の山頂近くにあるえぼし岩は、『勝田町伝説俚言集』に「さんぶたろうが牛に乗ってふもとから担ぎ上げたと伝えられている。高さ約8m、赤錆色でまさに烏帽子を彷彿とさせる形の巨石である。現在は周辺の樹木が大きくなり、眺望が悪くなっているが、以前は津山市からも遠望できたと云われる。袴ケ山《はかまがせん》はかつて「塩下山《しおしたやま》」「塩下《しおのした》山《やま》」などと呼ばれており、『白玉拾《しらたましゅう》』梶並《かじなみ》庄の部の中には、「塩下紀行《しおのしたきこう》」と題して前述の皆木保實《みなぎやすざね》が、津山藩士正木輝雄と二人、塩下山《しおしたやま》（袴ケ山）に登ったという記述が掲載されている。
出典：『さんぶたろう考』『勝田町伝説俚言集』

しおの下様（えぼし岩）【美作市右手】

㉜休《やす》み石《いし》（美咲町《みさきちょう》　休石《やすみいし》）

『東作誌』の中に、「色青白の石なり

休石【地区の名前として残る】

休石【美咲町休石】

高四尺許八尺四方程の石なり（中略）三穂太郎腰が掛けて休みたる故に休石の名ありと云う」と書かれている。その石は、美咲町休石地区の山中にある。ふた抱え程の大きさで、記述より小さい印象である。大人の腰程度の高さで、眺めの素晴らしい場所で、石に腰かけ休みたくなる場所である。地元ではさんぶたろうの「きん玉石」とも云われている。

出典：『やなはらの民話』

蛇渕【美咲町大戸下】

案内：浅野克己（奈義町上町川）

㉝蛇渕《じゃぶち》（美咲町《みさきちょう》　大戸下《だいとしも》）

美咲町の大戸下の吉井川のすぐ近く。交差点近くのガソリンスタンドの裏手に「蛇渕」はある。役行者《えんのぎょうじゃ》の石碑が立ち、周囲から一段低くなった場所で、南側は山の岩肌がそそり立つ狭い草地であるが、以前は差し渡し15m程の綺麗な水をたたえる沼があり「蛇渕」と呼ばれ、さんぶたろうの足あととも云われていた。「蛇渕の水をかい出すと大雨が降る」と云われ雨乞いの時は水をかい出していたという言い伝えが残っている。

出典：『やなはらの民話』
案内：福井正（美咲町百々）

㉞三穂太郎飛礫石《さんぶたろうひれきせき》（美作市《みまさかし》　和田《わだ》）

『東作誌』小吉野庄矢田村の章に「和田村の堺、本幹と伝井出《いで》にあり経八尺余りの大石なり」と書かれている。美作市矢田《やた》地区と、和田地区の堺の井出《いで》（田の用水として、水の流れをせき止めてためてある所）を調べたが、それと云われる石は発見できなかった。

出典：『さんぶたろう考』

㉟鮎戻《あゆもど》りの滝《たき》（津山市《つやまし》　奥津川《おくつがわ》）

津山市奥津川ダムから北へ奥津川の中にある落差3m程の小さな滝である。この滝は奈義町の蛇渕《じゃぶち》の滝と繋がっているという言い伝えがある。

㊱御所《ごしょ》【京都御所《きょうとごしょ》】（京都市《きょうとし》　上京区《かみぎょうく》）

『三穂太郎記』では、成長したさんぶたろうは「其の身此国に居ながら京都禁中の守護をし（中略）三歩に行通ふに依って」と書かれている。

御所（京都御所）【京都市左京区】

禁中とは御所《ごしょ》を指す。14世紀から1896年までの間、内裏《だいり》、すなわち歴代天皇が居住し儀式や公務を執り行ってきた場所である。

手入れの行き届いた広大な庭、立派な御殿など歴代の天皇が暮らしてきた歴史を感じる場所である。我らのさんぶたろうは、ここでどんな活躍をしたのか。そして、京の人々はどんな顔をしてさんぶたろうを見上げたのであろうか。

出典：『三穂太郎記』

【出典一覧】

『さんぶ太郎考』（奈義町教育委員会資料7）奈義町教育委員会　1985年
『東作誌』正木輝雄　著　本稿では『新訂作陽誌』作陽新報社刊　1975年を参考にとした。
『白玉拾』皆木保實　著　本稿では『白玉拾』奈義町文化財保護委員会編集2006年を参考とした。
『三穂太郎記』本稿では『さんぶ太郎考』に掲載されているものを参考とした。
『美作民話集 古からのおくりもの』安藤由貴子　美作国1300年記念事業美作市実行委員会　2013年
『鏡野町史 民俗編』鏡野町史編集委員会　1993年
『やなはらの民話』柵原町教育委員会　1994年
『美作町史 地区史編』美作町史編集委員会　2004年
『鏡野町史 民俗編』鏡野町史編集委員会　1993年
『古を訪ねて岡地区歴史探訪』岡地区歴史探訪編集委員会　2014年
『なぎ昔話語りの会』奈義町昔語り保存実行委員会　2013年
『勝田町伝説俚言集』勝田教育委員会1968年

さんぶたろうこぼれ話③

その五　三男坊なのにさんぶ「太郎」？

言い伝えでは、巨人さんぶたろうは、地元の領主と蛇精の母との間に生まれたとされているが、さんぶたろうのモデルとされる菅原三穂太郎満佐《すがわらさんぶたろうみつすけ》の両親はどのような人物だったろうか。

『東作誌《とうさくし》』是宗《こりむね》村の項に次のような記述がある。

相傳う近藤武者是宗景頼の子宇合筑後守頼資保元の亂に新院に興し奉り作州豊田庄に被配流、其邑を近藤村と稱す

或は云ふ平治の亂に近藤武者是宗此國に來り死す　其邑を近藤村と云ふ　是宗村と云ふ

其の子二人あり兄公資（一説に父は頼資藤姓母は二階堂維行女なり）

二男公繼此の二子を連て有元家に醮す

また、おなじく『東作誌《とうさくし》』所収の有元《ありもと》家略系図にも次のような記述があり、先の記述とも一致する。（ルビは追補。）

仲頼《なかより》（菅四郎《かんしろう》　高円村大見丈《こうえんむらおおみじょう》城主）
- 公資《きみすけ》（実筑後守藤原頼資《よりすけ》子　母二階堂維行《にかいどうこれゆき》女）
- 公継《きみつぐ》（頼資《よりすけ》二男公資《きみすけ》弟）
- 満佐《みつすけ》（仲頼実子改兼真《かねまさ》三穂太郎名木山《なぎさん》城主、妻者豊田《とよた》右馬頭女有子七人菅家七流祖也。）

これによると、太郎の母は二階堂維行《にかいどうこれゆき》（惟行とも）

であり、保元の乱の折、敗れた新院（崇徳《すとく》天皇）側に与していたため作州へ配流された最初の夫、藤原（宇合《うごう》）頼資《よりすけ》とともに奈義の地にやってきたことになっている。（※5-1）

その後、夫は亡くなり、太郎の母は二人の息子公資《きみすけ》、公継《きみつぐ》を連れて有元《ありもと》氏に嫁ぎ、そこで生まれたのが太郎丸、後の三穂太郎満佐《さんぶたろうみつすけ》である。

つまり、仲頼《なかより》にとって初めての実息が満佐《みつすけ》であり、三男満佐《みつすけ》の幼名が長男をあらわす「太郎」であることは、そのあたりの事情によると考えられる。

※5-1：満佐の子孫が有元姓を名乗ったのは、名木（那岐）山のふもと［元］に［有］ったからとも、宇合氏の血が入ったため（宇合・有元とも、音読みではウガン）ともいわれている。
また、母方とされる二階堂氏は、源頼朝の側近藤原行政から発し、子の代で行光の系統（信濃流）と、行村（隠岐流）からは白川家など五家に分かれている。
南北朝時代から室町時代初期に成立した『尊卑文脈（新編纂図本朝尊卑分脈系譜雑類要集）』、江戸時代末期に水戸藩で編纂された諸氏・諸家の系譜集『系図纂要』によると、「白川四郎惟行」の名があり、これが『東作誌』にいう満佐の祖父、二階堂維行（惟行）と考えられる。

その六：陰陽五行説とさんぶたろう

さんぶたろうの父母の出会いからさんぶたろうの生涯を記した物語『三穂太郎記《さんぶたろうき》』には、大蛇である母からもらった五色に輝く玉の不思議な力で神通力を身につける、というくだりがある。

其時、ふしぎや滝つぼの水中より、青黄赤白紫の五ツ色あざやかなる一ツの玉うき出たり、…中略…さては母が心を込し此玉は、我子へたまものたまわりし……

ここでいう玉の「五ツ色」が、陰陽五行説でいうところの世界を構成する基本要素「五行」である可能性については、本稿「その一：五色の玉とさんぶたろう」ですでに触れたが、陰陽五行説は、古代から日本人の自然観や人間観にも影響を与え続けてきた思想であり、『三穂太郎記《さんぶたろうき》』などの編纂に関わった当時の文化人にとっても、基礎的な教養であったと考えられる。

陰陽五行説は、古代中国で生まれた世界を解釈するための理論であり、陰陽説では、太極から生じた陰陽、つまり有無、加減、男女、明暗、天地、表裏、吉凶などそれぞれ二種類の要素の関係性で宇宙が成り立っているとされ、五行説では、木火土金水の五大要素の循環で宇宙が動くとされる。

五行に基づいた相生説（※6-1）によると、木は火を生じ、火は土を生じ、土は金を生じ、金は水を生じ、水は木を生じるとされ、相克説（※6-2）では逆に、水は火に勝ち、火は金に勝ち、金は水に勝ち、木は土に勝ち、土は水に勝つとされることから、季節、方位、色、身体の部位など、目に見えるものも見えないものもすべてが五行に還元されるのである。

伝承によると、さんぶたろうは、鉄の針の金気に中って死んだとされているが、このあたりの理屈も五行相克的な解釈を通じて理解できるかもしれない。日本では、古来から神霊としての蛇と竜は、ともに鱗と長い胴体を持つことから混同される傾向にある。さんぶたろうの母＝龍蛇は、水気を司る者であり、そこから生まれたさんぶたろうは木気の性質を持つ者であるために、草履に仕込まれた鉄の針（金気）のせいで、苦しんだ末に死んでしまう。

現代人の感覚からすると、針に突かれた程度で巨人が死ぬことに不思議さを感じるが、陰陽五行説を知っている昔の知識人からすると自然な結末であったかもしれない。

※6-1：五行相生《ごぎょうそうしょう》説

五行相生説は紀元前2世紀、前漢時代の中国の儒家董仲《とうちゅう》舒《じょ》によって説かれた理論で、木は火を生み（木生火）、火は土を生み（火生土）、土は金を生み（土生金）、金は水を生み（金生水）、水は木を生む（水生木）とされ、五行が互いに生じながら循環する様を表している。

※6-2：五行相剋《ごぎょうそうこく》説

五行相克説は紀元前3世紀ごろ、戦国前期の中国の思想家鄒衍《すうえん》によって説かれた理論で、木は土から養分を吸い（木剋土）、土は水をせき止め（土剋水）、水は火を消し（水剋火）、火は金を溶かし（火剋金）、金は木を枯らす（金剋木）とされ、五行の対立関係をあらわしている。

第四章

「三穂太郎記」の形成

―古典和歌の関係する恋愛譚をめぐって―

三村晃功

カワセミ

一　「三穂太郎記」の概略

本稿は、岡山県勝田郡奈義町周辺に伝わる「三穂太郎」の伝説・伝承のなかで、とくに古典和歌が関係する恋愛譚《たん》がどのようにしてできあがったのか、その形成過程に焦点を定めて考察することを目的にした論考である。その際、資料に採用したのが、「奈義町教育委員会　資料七」の『さんぶ太郎考』（昭和六〇・一二、奈義町教育委員会）に収載の「三穂太郎記」であるが、まずは、「三穂太郎」の伝説・伝承がどのような内容であるのか、その概略を、なぎ昔話語りの会・立石憲利共著『なぎの民話』（平成二六・一〇、岡山県奈義町教育委員会）から引用しておこう。

95　さんぶ太郎（「一、伝説　（九）人物の伝説」）

昔、菅原の血筋という人が、この地に住んでいた。その何代目かの実兼《さねかね》という人が、ある日、菩提寺にお参りした時、この辺りで比べるものもないような、とても美しい娘に会い、一目で恋慕い、とうとう夫婦の契りを結んだ。

やがて二人の間に男の子が生まれた。実兼はこの上もなく喜んで、さんぶ太郎と名を付けかわいがった。ところが、太郎を産む時もそうであったが、その後、〈妻は〉太郎に乳を飲ませる時に、一部屋に閉じこもり、実兼さえも決してのぞき見をしてくれるなと頼んだ。初めのうちは、妻の頼みを固く守っていたが、ある日、〈実兼は〉我慢しきれぬようになり、そっと部屋の中をのぞいた。

中では、部屋いっぱいになったおろちが、真ん中に太郎を抱いて乳を飲ませていた。これを見た実兼は、思わず驚きの声を上げてしまった。正体を見られた妻は、おろちの姿〈のまま〉はっきりと恨みを込めつつ、

「実兼を恋し、かわいい太郎をもうけたのだが、元の姿を知られた上は、もはやここにいるわけにいかぬ」

と言いつつ、雲を呼び、これに乗って空を駆って奥の仙の方へ行ってしまった。

実兼はいたいけな太郎を抱いて、仕方なく育てようとしたが、太郎は人の乳を少しも飲もうとせず、ただ泣き叫び続ける。そこで実兼は太郎を抱いて、妻を求めて那岐の仙の麓を呼びつつさまよい続けた。果ては、とうとう蛇渕の傍らにたどり着いた。ゴウゴウと鳴る滝つぼに向かい、

「いま一度、太郎に乳をやってくれ」

と蛇渕の主に向かって頼んだ。願いが通じたのか、いとし子を思うゆえか、滝つぼの表に光る五色の玉が浮かびいで、

「正体を知られたから〈に〉は、太郎はかわいいが、再びこの姿を人の世に出すわけにはいかない。この玉を差し上げるから、これからは太郎になめさせて立派な子に育ててくれ」

と言った。

実兼は仕方なく帰り、太郎に五色の玉をなめさせながら育てたが、ぐんぐん太郎は育ち、天に届くほどの大男になり、この地切っての勇ましい人となって、那岐仙を城として大層栄えた。

さんぶ太郎は成長して、この地切っての勢力者として、那岐の仙の上に城を構えて威を振るって

いた。

土地の豪族豊田氏の娘こすがどを妻に迎え、子どもも多く産れ栄えた。

また、天皇に仕えて都との間を行き来していた。その頃、播州の佐用に〈て〉、さよ姫と愛し合うようになっていた。さよ姫は嫉妬《しっと》のあまり、ある時太郎の草履に縫い針をひそかに刺し込んだ。

それとは知らぬ太郎は、いつものように那岐仙の城に帰っていると、足の裏に針が刺さり込んでしまった。おろちの血を引く太郎には、鉄は激しい毒となり、那岐仙の上で非常に苦しんだ（他の説によると、さよ姫ではなくて西原に頼光という人がいて、彼もこすがどを恋していたが、〈こすがどが〉太郎と結婚したことで嫉妬し、太郎がいなければと思い、〈頼光が〉ひそかに太郎の草履に縫い針を仕込んだという）。

針の毒が体じゅうに回り、太郎は苦しみに苦しんだ。こうして天も地も暗くなり、その苦しみに吐く息は大風となり、地軸も割れるかのようなとどろき、しの突く大雨、この世の終わりかと思うほどであった。こうしてさんぶ太郎はもだえ死んだ。

豪雨のため那岐仙の一角は崩れ落ちた。太郎の亡骸《なきがら》は大水に流され、頭は関本に、胴体は西原へ、右手は梶並右手に、そして肩や腕は因幡の土師《はじ》へ留まった。頭は、こうべ様、胴体は荒関明神として祀った。

また、血や肉は那岐仙の麓一帯を覆った。

かくて巨人のさんぶ太郎は、恋に狂った一本の縫い針のために、その生を終えてしまった。さんぶ太郎の体が留まった所は、それぞれ宮として祀られた。

その最後の時、四方に飛び散った山の岩は、至る所に小山を造ったという。

（出典『奈義伝説』）

「三穂太郎」の伝説・伝承の概略《がいりゃく》は以上のとおりである。多少、長い引用になったが、まことに勘所《かんどころ》を押さえた筆致《ひっち》の記述内容で、これ以上の余計な解説は逆に、主題を散漫にしかねないと愚考されるので、次のテーマへ進みたいと思う。

二　「三穂太郎記」における恋愛譚の叙述内容

さて、実兼が菩提寺《ぼだいじ》へ参詣《さんけい》した際に、絶世《ぜっせい》の美女と遭遇《そうぐう》し、両者の恋が成就《じょうじゅ》する経緯《けいい》を「三穂太郎記」ではどのように記述しているであろうか。まずは、その当該《とうがい》個所を、「三穂太郎記」から抜き出してみると、つぎのとおりである。

なお、引用に際しては、体裁《ていさい》上、（ママ）符号を多数付けるのは見苦しいので、歴史的仮名遣《づか》いの表記に直したり、意味の上から濁点《だくてん》や、句読点《くとうてん》を付けたり、付け直したり、付属語を付け足したり、文字の語順を換えるなど、最小限の修正を施した点を、お断りしておきたいと思う。

実兼この姫を見るよりこころは飛びたつごとくに思へども、かるがるしくも言葉もかけがたく、見る恋にわび居《ゐ》たりしが、ふところより短冊とり出し、一首のうた

1　春毎《ごと》にみる花なれどことしより　さきはじめたるここちこそすれ

是《これ》を書きて、姫のそばなる桜の枝に結びつけ、（中略）長光坊といへる（に、中略）「拙者は（姫を）けふはじめて見、恋にこころのもつれとけかね候《さうらふ》」として、媒《なかだち》を頼むうたを、

2　さしもしれなみだの川の渡し守　こぎ行く舟にまかすこころを

と書きて渡し、「出家《すけ》に似合はぬ事ながら、よろしく計らひ申さるべく、ほどよく調ふものならば、貴僧へ恩賞あたへん」とて頼み、たんざくに一首の歌を書く。

3　えだたかき花の木ずゑも折らば折れ　及ばぬ恋もなるとこそきけ

これを渡しければ長光坊うけとり、やがて姫のもとへ行き、「先刻此《こ》の短冊を拾ひ見申す所、うつくしき手にてかきたれ共《ども》、出家の持ちてはよからぬ物故、さし上げ申す。お手木に遊ばし候へ」と、何気なく出しければ、姫は手にとりつくづくと見て申されけるは、「御出家には媒を頼まれけるかな。かやうのものもらふ身にしはあらず」と、さしもどしければ、長光坊とりあへず一首、

4　いひ捨つる言《こと》の葉《は》までに情けあれ　ただいたづらにくちはつる身を

と詠じければ、姫は独《ひとり》ごとのやうに、

5　心より心まよはす心なれ　心に心　心ゆるすな

と申しける。長光坊かへりて此《こ》のよしを実兼に語りければ、また（実兼）

6　恋ふれども人の心のとけぬには　むすばれながらかへる玉づさ

と書きて是をおくり「見候へ」とわたしければ、長光坊又、姫の元へゆきて出《い》だしければ、今度《こたび》は見て、（姫）かへしのうたをうつくしき手にて

7　恋《こ》ふるともぬし有《あ》る人はとけまじき　むすぶの神のゆるしなければ

と書いて渡し、はや日も夕暮になりければ、（姫）いづくとも知れずかへりぬ。長光坊もかへしの歌をうけとりかへりて、実兼にわたしければ、（実兼）大きによろこび、その後こまごま成る文をしたため、折々姫が此の寺へ参るを待ちて、長光坊が取次《とりつぎ》しける文のおくに、

8　わりなしやうれしき物となぐさまで　又一筆にそふ思ひかな

9　あはれとて人の心に情あれな　かずならぬにはよらぬなげきを

ひめのかへし

10　あはれとて人の心にゆるしあれな　かずならぬともままならぬ身を

又、実兼つかはしける文の奥に、

11　海も浅し山もほどなし我《わ》が恋を　なにゝよそへて君にいはまし

12　わが恋は行くへも知らずはてもなし　ひれふる山の石となるまで

姫また、かへしのうた

13　みちならぬみちと思へばわがこころ　何によそへて君にこたへん

また、実兼こまごま、さまざまのことくさぐさかきおくりける文の奥に、

14　くれなゐに涙の色のなり行くを　いくしほまでと君にとはゞや

姫またまた返しのうた

15　ひとはなにおもひそめたる紅《くれなゐ》の　なみだの色はさめもこそすれ

実兼此《こ》の外《ほか》、幾たびとなくとし月をかさね、よれつもつれつむつかしく、いろいろさまざまにか

きておくり口説《くど》け共《ども》、逢ふべきかへしの筆づさみもなく、心つよき返事《かへりごと》ばかりにて、ひき事もなとへごとも心もつきはて、せめくる恋にやつれつつ、もはや露の命おくべきかたもなく、文《ふみ》言葉もかかれねば、あつめうたにてつかはしける。

16　するすみも落つるなみだにあらはれて　恋しとだにもえこそかかれね
17　身は海のしほひぬ袖のうらみつつ　うらみてだにも見るめなきかな
18　思へどもあふことかたきかた糸の　いかにいつまで結ぼほるらん
19　手にふれてみがくとはなく白露の　たまをもそでにかけならひけん
20　うらみつつみるめもしらぬしらなみの　よるよるぬるゝ床《とこ》のうみかな
21　まちわびてふた歳過《とせす》ぐる床のうへに　猶《なほ》かはらぬはなみだなりけり
22　恋しさをいかがはすべきおもへども　みはかずならず人はつれなし
23　むねはふじ袖はきよ見のせきなれや　けぶりもなみもたたぬ日ぞなき
24　水くきはこれを限りと書きつめて　せきあへぬものは涙なりけり

此の歌を書いておくりければ、姫もうちとけたる体《てい》にて、返しにはんじものかくの如し。かへしはんじ物、実兼つくづくと見て、「もの書きて四つある、下の弓張月《ゆみはりづき》に忍ぶとは、二（十）三日《はつかあまりみか》の夜しのびくるとの事なり」とはんじおふせて、おもひのけぶりそらにきえ、心のにごりすむうれしさ。

（中略）斯《か》くて、実兼は二（十）三日の夕暮を、千年《ちとせ》をも待つこゝちして其の夜になりぬれば、ほどなく忍び来たりし（姫）を一間《ひとま》へ伴ひ、銚子《てうし》かはらけ持ちきて、ささのおざゝのふしの間に、露の情の新枕《にひまくら》、逢ふ夜もそではぬれ衣《ごろも》つらく思ひしむねはれて、嬉しきあまり、実兼の歌、

25　うれしきもつらきもおなじなみだにて　逢ふ夜もそでは猶ぞかはかぬ

女とりあへず、

26　仮初《かりそめ》のしのゝをざゝのひとふしに　つゆかかりきと人にかたるな

此の時実兼たづねけるは、「（中略）いづくいかなる人ともいまだしらず。かく情に預《あづ》かるうへは、いかなる人にてもくるしからず。語りきかせ候へ」といひけるに、女申しけるは、「我が身の事はままならぬ身なれば、（中略）折々忍び来《きた》り候はん」と、尽きぬこと葉のうちに夜も更けわたりて、鶏《とり》の鳴きければ、実兼

27　ちぎり置きて逢ひみる夜《よ》はのこともなく　あはれをしらぬとりのこゑかな

女の返し、

28　己《をの》が音《ね》につらき別れはありとだに　思ひもしらでとりやなくらん

とよみて、夜もほのぼのとあけぼののあしたにかへりぬ。（中略）日往《ゆ》き月来《き》たりて、すこやかなる男子《おのこご》生まれければ、名を「太郎丸」と号す。其《そ》の後、三歳になるまで、其の母七日七日のよるよる太郎丸を抱き、実兼の館《やかた》へ通ひけるが、ある夜、其の子そへてのこしおきけるうた、

29　人たらで人たる人の人なさけ　人たる人のおやとやなるらん

30　逢ひ初《そ》めしうれしき事の有りてまた　ならひはつらき別れなりけり

31　身のうへはうら嶋の子の玉手箱　あけてはさぞやくやしかるらん

32　君がため仮の契りもをしまれて　かずならぬ身のあらはれにけり

33　悲しくはなぎの谷川すむみなり　かはるすがたもひとめ逢ふなる

此の五首のうたをみて、（実兼、中略）「別れとは残念や」（と、悲嘆に暮れた。）（その後、変化《へんげ》のもの〈大蛇〉と正体を知られた妻は、実兼に五色の玉を託《たく》して、「太郎丸が乳を欲しがった時には、これを口に含ませるように」と言い置いて、やがて深い滝つぼの底に姿を消した。実兼）「此の上したふは未練の迷ひなり」と、（中略）とどまりてよみけるうた、

34　おそろしきおろちがふちの水底《みなそこ》は　かぎりもなぎのふかき谷川

と詠じ、我が宿さしてかへりけり。蛇淵の謂《いは》れ此の事也。（後略）

以上が「三穂太郎記」から抄出した、実兼と美女との恋の経緯だ。すなわち、菩提寺で遭遇した絶世の美女と実兼との恋は、和歌の贈答をとおして一応、成就するが、じつは変化《へんげ》のもの（大蛇）であることを知られた妻が実兼のもとを去ったために、両者の愛の結実である結婚生活は破綻《はたん》を来《き》たすというのが、この恋愛譚のおおよその経緯と顛末《てんまつ》である。

ちなみに、1の詠は、姫を見初《そ》めた実兼の独詠歌、2と3の詠は、長光坊へ姫との仲立《なかだ》ちを依頼する実兼の詠歌、4の詠は、姫への長光防の詠歌、5の詠は、長光防への姫の独詠歌のごとき返歌、6・8・9・11・12・14・26・28の詠は、姫への実兼の贈歌、7・10・13・15・16〜27の詠は、実兼への姫の返歌、29〜33の詠は、実兼への姫（妻）の一種の遺言《ゆいごん》歌、34の詠は、姫（妻）に去られた後の実兼の独詠歌である。

三　「三穂太郎記」に収載の和歌の原拠資料

さて、「三穂太郎記」に収載の和歌三十四首の実態は以上のとおりだが、これらの三十四首はいかなる歌集に収載される和歌であるのか。つぎに、これらの和歌の出典・典拠《てんきょ》、すなわち、原拠《げんきょ》資料を探索《たんさく》してみると、現時点では、以下の十六首（合成歌二首を含む）の原拠資料を見出すことができるようだ。

まず、1の詠は、『詞花集《しかしゅう》』の春部に収載の道命《どうみょう》法師の歌（三二＝歌番号。以下同じ）である。

題不知《だいしらず》　道命法師

1　春ごとにみる花なれど今年より咲きはじめたる心ちこそすれ　（三二）

（現代語訳＝春が来るたびに見た同じ花ではあるけれども、今見ている花は今年から咲き始めた花のような気がすることだ）

つぎに、6の詠は、『金葉集《きんようしゅう》』（二奏本）の恋部上に収載の皇后宮美濃《こうごうのみやみの》の歌（四〇七）である。

皇后宮にて人びと恋歌つかうまつりけるに、被《る》ルレ返《かへ》サレ文ヲ恋といへることをよめる　美濃

6　恋《こ》ふれども人の心のとけぬには結ばれながら返る玉梓《たまづき》　（四〇七）

（現代語訳＝いくらわたしが恋い慕っても、あなたの心がうちとけないのでは、その心のように、解かれずに結ばれたままわたしのもとに返ってくる手紙と同じです）

つぎに、9の詠は、『新古今集』の恋歌三に収載の西行の歌（一二三〇）である。

（題しらず）　西行法師

9　あはれとて人の心のなさけあれな数ならぬにはよらぬ歎《なげ》きを　（一二三〇）

（現代語訳＝いたわしいといって、せめてあの人の心がいたわりを見せてくれたらなあ。人数にも入らない我が身とはいえ、それとは何のかかわりもないこの嘆きであるものを）

なお、この9の詠は、『山家集《さんかしゅう》』にも、第三句を「なさけあれや」（一二七六）として収載される。

つぎに、11の詠は、『拾遺集』の恋部一に収載の読み人知らずの歌（六六〇）である。

（題知らず）　（よみ人しらず）

11　海も浅し山もほどなし我《わ》が恋を何によそへて君に言はまし　（六六〇）

（現代語訳＝わたしの思いに比べれば、海も浅い、山もさほど高くはない。いったいわたしの恋の思いを、何に譬《たと》えてあなたに伝えたらよいのか）

つぎに、12の詠は、『古今集』の恋歌二に収載の凡河内躬恒《おおしこうちのみつね》の歌（六一一）の上句《かみのく》と措辞《そじ》が一致するが、下句《しものく》は残念ながら、異同する。

12　わが恋はゆくゑもしらずはてもなし逢《あ》ふを限りと思ふばかりぞ　（六一一）

（題しらず）　躬恒

（現代語訳＝わたしの恋は、どうなって行くかの方向も分かりませんし、どこまで行って落着するかという終極もありません。今はただひたすらに、あの人に逢うことを恋の限界と思うばかりなのです）

ちなみに、「三穂太郎記」の12の詠の下句は「ひれふる山の石となるまで」で、『古今集』の躬恒の詠の「逢ふを限りと思ふばかりぞ」の措辞と異同《いどう》が認められるわけだが、現時点では残念ながら、下句と符合《ふごう》する原拠資料は探索できていない。

つぎに、14の詠は、『新古今集』の恋歌二に収載の道因《どういん》法師の歌（一一二三）である。

14　くれなゐに涙の色のなりゆくをいくしほまでと君に問はばや　（一一二三）

入道前《さきの》関白太政《だじやう》大臣（藤原兼実《かねざね》）家歌合《けのうたあはせ》に　道因法師

（現代語訳＝あなたを慕《した》うわたしの涙は紅色に染まりました。いったい幾回までさらに染めたらいいのか、あなたにお聞きしたいものです）

つぎに、16の詠は、『金葉集』（二奏本）の恋部下に収載の藤原永実《ながざね》の歌（四四三）である。

女のがりつかはしける　　　藤原永実

16　する墨《すみ》も落つる涙にあらはれて恋しとだにもえこそ書かれね　　　（四四三）

（現代語訳＝すっている墨も落ちる涙に洗われて、恋しいとさえ書くことができません）

つぎに、18の詠は、『古今集』の雑体《ざってい》に収載の読人しらずの長歌《ちょうか》（一〇〇一）の一部（二句）である。

題しらず　　　読人しらず

18　（前略）思へども　逢ふことかたし（後略）　　　（一〇〇一）

（現代語訳＝〈前略〉あの人のことを思うけれども、逢うことは難しい〈後略〉）

この長歌については、全部で五十三句もあるので、「三穂太郎記」の和歌と重複《ちょうふく》する二句のみを引用したが、もしかしたら、『古今集』のこの長歌が原拠《げんきょ》資料でないのかも知れない。

つぎに、21の詠は、『新勅撰集《しんちょくせんしゅう》』の恋歌二に収載の藤原公経《きんつね》の歌（七四二）である。

建仁《けんにん》元年八月の歌合《うたあはせ》に、久恋《ひさしきこひ》

入道前太政大臣（藤原公経）

21　待ちわびて三年《みとせ》も過《す》ぐる床の上に猶《なほ》かはらぬは涙なりけり　（七四二）

（現代語訳＝待ちわびて、三年が過ぎる床の上に、それでも変わらないのは、流す涙であったのだなあ）

つぎに、22の詠は、『千載集《せんざいしゅう》』の恋歌二に収載の源師光《もろみつ》の歌（七七三）である。

題不知　　源師光

22　恋しさをいかがはすべき思へども身は数ならず人はつれなし　（七七三）

（現代語訳＝この恋しさをどうしたらいいのだろうと思うのだが、我が身は取るに足りないし、恋人は冷淡だ。どうにもならないことだなあ）

つぎに、23の詠は、『金葉集』（三奏本）の第七（恋六十七首）に収載の平祐挙《たいらのすけたか》の歌（三九七）である。

女のがりつかはしける　　　　　　　平祐挙

23　胸はふじ袖は清見《きよみ》が関なれや煙も波もたたぬ日ぞなき　　　　（三九七）

（現代語訳＝胸は富士の山で、袖は清見が関だからであろうか、思いの火の煙も、涙の波も立たない日はないことだ）

なお、この23の詠は、有名であったからであろうか、『詞花集』の恋部上には平祐挙の作者名（二一三）で、また、『深養父集《ふかやぶしゅう》』（六一）には詞書なしで載るほか、『玄玄集《げんげんしゅう》』（九〇）には「祐挙二首駿河守《するがのかみ》」の詞書を付して収載される。

つぎに、24の詠は、『千載集』の恋歌四に収載の源頼政《よりまさ》の歌（八六八）である。

題不知　　　　前右《さきのう》京《きやうの》権《ごんの》大夫《だいぶ》（源）頼政

24　水茎《みづくき》はこれを限りとかきつめて堰《せ》きあへぬものは涙なりけり　　　（八六八）

（現代語訳＝つれない恋人ゆえ、今はこれが最後と恨みの数々を書きあつめてみたけれど、なおこらえきれないものは涙であることよ）

なお、この24の詠は、『頼政集』（三五五）にも収載されている。

つぎに、25の詠は、『新勅撰集』の恋歌三に収載の皇嘉門院別当《こうかもんいんべっとう》の歌（七八七）である。

（後法性寺《ごほつしやうじ》入道前関白〈藤原兼実〉
家百首歌よみ侍りける　初メテ遇《あ》フ恋）
皇嘉門院別当

25　うれしきもつらきも同じ涙にて逢ふ夜も袖は猶ぞかはかぬ　（七八七）

（現代語訳＝嬉しいのも、辛いのも、流すのは同じ涙であって、このように逢う夜も、やはり袖は涙で乾かないよ）

つぎに、26の詠は、初句《しょく》と下句《しものく》が『新古今集』の恋歌三に収載の読人しらずの歌（一一六五）であり、また、第二・第三句が『新勅撰集』の釈教歌《しゃっきょうか》に収載の寂然《じゃくねん》法師の歌（六一八）であって、要するに、合成歌の趣である。

題しらず　読人しらず

26　かりそめに伏見《ふしみ》の野べの草枕露かかりきと人にかたるな　（一一六五）

（現代語訳＝ことのはずみで伏見の野辺にやってきて共寝をしたのに、草枕を結び、露を袂《たもと》に懸けましたなどと、決してほかの人に話さないでくださいね）

十如是《じふにょぜ》の心をよみ侍りける、本末究《ほんまつく》
竟等《きやうとう》　寂然法師

26　をざさはらあるかなきかの一節《ひとふし》に本《もと》も末葉もかはらざりけり　（六一八）

（現代語訳＝小笹の生い茂る野原よ、その小笹は背丈《せたけ》が低く、節《ふし》と節の間もほんのわずかで、根元の葉も先端の葉もまったく変わらないのであったことだ）

つぎに、27の詠は、第二・第三句が『玉葉集《ぎょくようしゅう》』の恋歌二に収載の藤原実泰《さねやす》の歌（一四二九）であり、また、下句が『新勅撰集』の恋歌三に収載の八条院高倉《たかくら》の歌（七九二）であるが、要するに、これまた合成歌の趣である。

27　恋ひ恋ひてあひみる夜《よる》はうれしきに日ごろのうさはいはじとぞ思ふ（一四二九）
（初遇恋《はじめてあふこひ》の心を）　左近大将《さこんのだいしゃう》（藤原）実泰
（現代語訳＝恋しく思い続けて、ようやく逢うことのできた今夜が本当に嬉しいから、日ごろ胸に積もっていた恨みは言うまいと思うよ）
（後朝《きぬぎぬ》の心を）　八条院高倉

27　あふことを又はまつ夜《よ》もなきものをあはれもしらぬ鳥の声かな（七九二）
（現代語訳＝逢うことを再びは待つ夜もないのに、事情を思いやる憐憫《れんびん》の情も分からない、後朝《きぬぎぬ》の別れを告げる鶏の声であることよ）

最後に、28の詠は、『新勅撰集』の恋歌三に収載の中宮少将の歌（七九四）である。

（藤原教実《のりざね》）家に百首歌よませ侍りけるに　　　中宮少将

28　おのが音《ね》につらき別れはありとだに思ひも知らで鳥やなくらん　（七九四）

（現代語訳＝おのれの声で、このように辛い後朝の別れがあるとさえ、思いもよらずに鶏は鳴いているのだろうか）

以上、「三穂太郎記」に収載される三十四首について、その原拠資料を探索したところ、上句または下句および二句の符合も含めて十六首を検索することができた。この数値は四十七・一パーセントの収載率にしかならないが、そのすべての原拠資料が勅撰集である事実から、「三穂太郎記」の収載歌は人口《じんこう》に膾炙《かいしゃ》した、著名な古典和歌といえるであろう。

ちなみに、その原拠資料を整理しておくと、以下のとおりである。

『古今集』　（九〇五年成立）　二首（12・18）
『拾遺集』　（一〇〇六年成立）　一首（11）
『金葉集』　（約一一二六年成立）　三首（6・16・23）
『詞花集』　（一一五〇～五四年成立）　一首（1）
『千載集』　（一一八八年成立）　二首（22・24）
『新古今集』　（一二〇五年成立）　三首（9・14・26）

『新勅撰集』（約一二三五年成立）　五首（21・25・26・27・28）
『玉葉集』（一三一二年成立）　一首（27）

この整理を見ると、中古《ちゅうこ》から中世《ちゅうせい》期の勅撰集がその原拠資料となり、その数値は、『拾遺集』『詞花集』『玉葉集』が各一首、『古今集』『千載集』が各二首、『金葉集』『新古今集』が各三首、『新勅撰集』が五首となって、『新勅撰集』『新古今集』などがやや突出しているが、総じて、院政《いんせい》期から中世期の和歌に傾斜しているといえようか。

また、原拠資料の判明した十六首の詠歌作者の生没年の整理を試みると、以下のとおりである。

読み人知らず　三首（11・18・26）
凡河内躬恒（生年未詳〜九二四年以後）　一首（12）
平祐挙（生年未詳〜一〇〇三年以後）　一首（23）
道命法師（九七四年〜一〇二〇年）　一首（1）
藤原永実（生年未詳〜一一一五年以後）　一首（16）
皇后宮美濃（一〇〇九年以前〜一一五九年以後）　一首（6）
道因法師（一〇九〇年〜一一七九年）　一首（14）
源頼政（一一〇四年〜一一八〇年）　一首（24）
皇嘉門院別当（生年未詳〜一一八一年以後）　一首（25）

寂然法師　（生年未詳～一一八二年以後）　一首（26）
西行法師　（一一一八年～一一九〇年）　一首（9）
源師光　（生年未詳～一二〇三年以後）　一首（22）
八条院高倉　（一一七六年頃～一二三七年以後）　一首（27）
藤原公経　（一一七一年～一二四四年）　一首（21）
中宮少将　（生年未詳～一二六六以後）　一首（28）
藤原実泰　（一二六九年～一三二七年）　一首（27）

なお、出典・典拠《てんきょ》名を記すと、読み人知らずの作者が『古今集』『拾遺集』、凡河内躬恒が『古今集』、平祐挙・藤原永実・皇后宮美濃が『金葉集』、道命法師が『詞花集』、道因法師・西行法師が『新古今集』、源頼政・源師光が『千載集』、皇嘉門院別当・藤原公経・中宮少将・八条院高倉が『新勅撰集』、藤原実泰が『玉葉集』にそれぞれ収載されているわけだ。

四　「三穂太郎記」の和歌の出典・典拠

さて、「三穂太郎記」に収載の三十四首のうち、十六首（合成歌二首を含む）の原拠資料と詠歌作者の実体は以上のとおりだが、「三穂太郎記」では、読み人知らずの詠歌はともかく、そのほかの固有名詞が付されている十四首の詠歌に、何故《なにゆえ》に恋愛譚《たん》を展開する際の記述として、「実兼」「姫」「長光坊」などの人物があたかも詠作しているように虚構が施されているのであろうか。

ちなみに、近世初期の成立である浅井了意《りょうい》の仮名草子《かなぞうし》『御伽婢子《おとぎぼうこ》』と『狗張子《いぬはりこ》』の両作品に、類題《るいだい》集《しゅう》『題林愚抄《だいりんぐしょう》』から、『御伽婢子』には四十二首の詠歌が、また、『狗張子』には三十首の詠歌が各々、抄出されて物語展開に寄与している事実を、筆者は拙著『中世類題集の成立』（平成六・一、和泉書院）の「第一章　総論　中世類題集の成立」で実証しているが、こちらは仮名書きの物語・小説類であり、要するに、一人の作者になる文芸作品であるので、その可能性は少なからず存するであろう。

しかし、「三穂太郎記」は、所謂《いわゆる》、伝説・伝承《でんしょう》の類に属するわけだから、一人の作者による虚構《きょこう》などの作為・創作意図は認められるはずがないと考慮するのが当然ではなかろうか。にもかかわらず、現前する「三穂太郎記」に、近世初期に成立した仮名草子と同様の虚構という、一人の作者による物語的手法が認められるのには、何かしかるべき理由・根拠が存在すると推察・考慮するのが穏当《おんとう》なのではあるまいか。

このような視点に立脚して、種々様々な思考をめぐらせた結果、「三穂太郎記」には何か直接に依拠《いきょ》している文献資料が存するのであるまいか、という結論に筆者は至ったのだ。このような経緯《けいい》で偶然に遭遇したのが、なぎ昔話語りの会代表の入澤知子《いりさわのりこ》氏から情報提供を受け、奈義町文化センターの寺坂信也《てらさかしんや》氏から贈呈していただいた、皆木保實編著『白玉拾《しらたましゅう》』（平成一八・八、奈義町教育委員会・奈義町文化財保護委員会）であった。そこには、なんと驚くなかれ、「三穂太郎記」に収載の三十四首のうち、二十五首（このうち、二首は重複）もの多くの詠歌が収載されているではないか。というわけで、『白玉拾』から当該《とうがい》個所《かしょ》および関係する個所を抄出すると、つぎのとおりである。

「第三分冊」の「五　和歌自詠の部」から

27　契恋《ちぎるこひ》　契り置きて　逢ひみる夜半《よは》の　うれしきに　いかに涙の袖に落つらん

（四九七頁）

（現代語訳＝将来を約束して、契りを結ぶ今夜があまりに嬉しいものだから、どんなにか感涙《かんるい》が袖に落ちているだろうよ）

18　不逢恋《あはざるこひ》　おもへども　あふ事かたき　かた糸の　いかにいつまで　結ぼほるらん

（現代語訳＝いくら相手のことを愛《いと》しく思ったとしても、縒《よ》り合うのが難しい片糸のように、どうしていつまでも結ばれているでしょうか、すぐに切れてしまうでしょうよ）

19　寄玉恋《たまによするこひ》　手にふれて　みがくとはなく　白露の　玉をも袖に　かけならひけむ

（現代語訳＝手にふれて磨《みが》いたわけでもないのに、どうしてわたしは白露のような玉〈涙〉を袖に降り注ぐことが珍しくなくなったのでしょうか）

（以上、四九八頁）

「第四分冊」の「一　名所歌の部」から

なかだちによする恋

2
さしもしれ　泪《なみだ》の川の　渡しもり　こぎ行く舟に　まかすこゝろを
（現代語訳＝こんなものだと知って欲しい。涙で溢《あふ》れている川を、向こう岸まで渡してくれる船頭さんよ、あなたが漕《こ》いでゆく舟に、一切を託《たく》す不安なわたしの心の内を）

寄花恋《はなによするこひ》

3
えだ高き　花の梢《こずゑ》も　をればをる　及ばぬ恋も　なる（と）こそきけ
（現代語訳＝枝が高く空まで伸びている〈梅の〉花の立ち枝でも、折ろうと努力すれば、折ることができる。それと同様に、実らぬ恋も、努力次第で成就《じょうじゅ》すると聞いていますよ）

文をかへす恋

金葉

6
とふれども　人の心の　とけぬには　むすばれながら　かへる玉づさ
（現代語訳＝記述済み）

かへし

7
こふるとも　ぬしある人は　とけまじき　結ぶの神の　ゆるしなければ
（現代語訳＝いくら恋い焦《こ》がれたとしても、主人のある人とは馴《な》れ親しむことはできないでしょう。男女の縁を結ぶ神の許しがないので）

又つかはす文のおくに

8　わりなしや　うれしきものと　慰《なぐさ》まで　又一筆に　そふ思ひかな

（現代語訳＝道理に合わないことだなあ。嬉しいことだと心が慰みもしないのに、再び書きはじめる筆に、付け加わる恋慕《れんぼ》の情であることだなあ）

金葉

9　哀《あは》れとて　人の心に　情けあれ　かずならぬには　よらぬなげきを

（現代語訳＝記述済み）　（以上、六五四頁）

かへし

10　あはれとて　人の心に　ゆるしあれば　かずならねども　まだならぬみを

（現代語訳＝あなたの心に、愛情がとても深いという寛大なお気持ちがあるとすれば、取るに足りないわたしだとしても、思いどおりにならないこの身をあなたに委《ゆだ》ねてもいいですわ）

又遣《つか》はす文の奥に、

拾遺

11　海も浅し　山もほどなし　我が恋を　何によそへて　君にいはまし

（現代語訳＝記述済み）

かへし

13　みちならぬ　道と思へば　我が心　何によそへて　君にこたへん

（現代語訳＝あなたとの関係は、人の踏むべき道から外れている道だと思いますので、わたしの心はいったい、何に託《かこつ》けて、あなたに応じたらいいのでしょう）

（以上、六五五頁）

又つかはすふみに

新古

14 紅に　泪の色の　なり行くを　いくしほ迄《まで》と　君にとはゝや

（現代語訳＝記述済み）

かへし

15 ひとはなに　思ひそめたる　紅の　涙の色は　さめもこそすれ

（現代語訳＝あなたはいったい、何を考え始めたのでしょうか。道ならぬ恋の道から深く悲しみ苦しんで流すわたしの紅涙《こうるい》が、狂気の迷いの状態から脱して、正気に返って、心の平静を表わす色を取り戻したら大変ですよ）

弥生《やよひ》の中頃より文を通はし、その年も暮れて明くる年の七月まで、貞女の道を立てて返事ありしゆゑ、引く言《こと》もたとへも心尽き果て、文ことばも書かれねば集めうたにて遣はしける。

（現代語訳＝のちに記す）

（金葉）

16 するすみも　落つる泪に　あらはれて　恋しとだにも　え社《こそ》かゝれね

（現代語訳＝記述済み）

新勅

21 待ちわびて　二《ふた》とせ過ぐる　床の上に　猶かはらぬは　泪なりけり

（現代語訳＝記述済み）

22
千載
恋しさを　いかゞはすべき　思へども　身はかずならず　人はつれなし
（現代語訳＝記述済み）（以上、六五六頁）

23
詞花
むねはふじ　袖は清見が　せきなれや　けぶりも波も　たゝぬ日ぞなき
（現代語訳＝記述済み）

24
千載
水くきは　これを限りと　書きつめて　せきあへぬ物は　泪《なみだ》なりけり
（現代語訳＝記述済み）
つれなき御かた□へより
かへしのはんじもの
（以上、六五七頁）

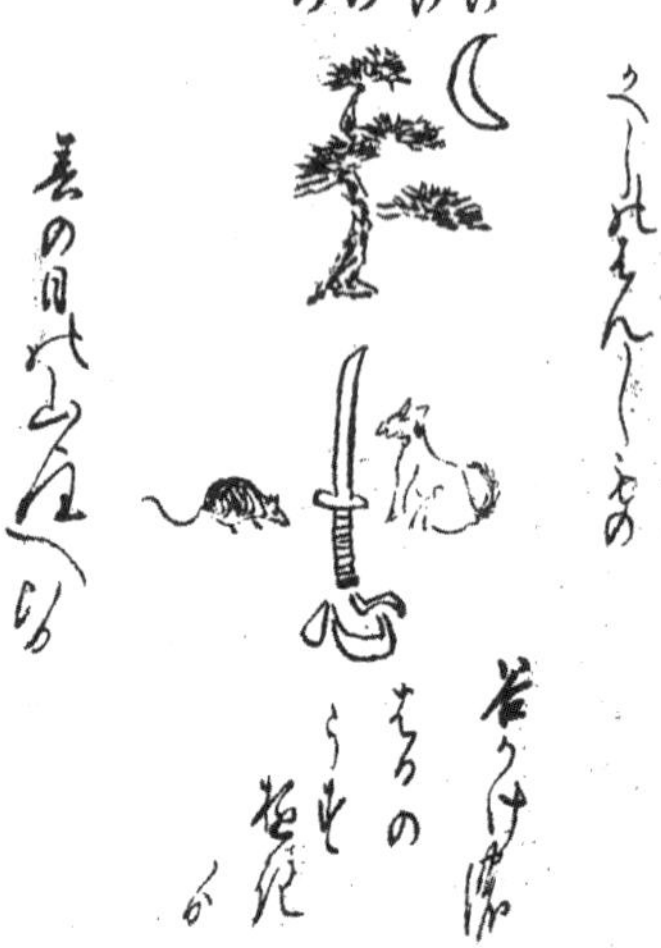

（六五八頁）

はんじみるに、
しもの弓張月《ゆみはりづき》に松は二十三日夜なり。
やいばの下に心は忍の字なり。
いぬは時にして初夜《そや》、ねずみは夜中なれば、初夜と夜中の間に忍べ、
谷かげのはるのうすゆきは、うちとくべきの心なるべし。
春の月の山は、かすが山なれば、三笠山のかへ言葉とはんじて、

（現代語訳＝この謎解きに挑戦するに、「四つの『も』の字に『弓張月』と『松』は「二十三日の夜に待つ」のことだ。「戌《いぬ》」は、時刻でいえば「初夜」、「鼠《ね》（子）」は「夜中」のことだから、「初夜と夜中の間にひそかに出向くように」と判読できる。また、「谷陰の春の薄雪」は、「すぐに打

ち解けるだろう」と判読でき、『春の月の山』は、『春日山』のことだから、『三笠山』を別の言葉に言い換えたものだ」と判読でき……）

待ちえてほどなくその日に成りければ、

（現代語訳＝待ちに待って、まもなくその当日になったので）

新勅

25 うれしきも　つらき（も）同じ　泪にて　逢ふ夜も袖は　猶ぞかはかぬ

（現代語訳＝記述済み）

女とりあへず、

新古（＋新勅）

26 仮初《かりそめ》の　しのゝをざゝの　一ふしに　露かゝりきと　人に語るな

（現代語訳＝ことのはずみに小笹の生い茂る野原で一度共寝をしただけなのに、露を袂《たもと》に懸けましたなどと、決してほかの人にお話しにならないでくださいね）

とりの鳴ければ

新勅

27 あふ事を　またはまつよも　なきものを　あはれもしらぬ　鳥の声かな

（現代語訳＝この先いつ逢えるとも知れないというのに、無情なことに、鶏が鳴いて別れの時をつげることだなあ）

（以上、六五九頁）

女のかへし

同（新勅）

28 をのが音《ね》に　つらき別れは　あるとだに　思ひもしらで　鳥やなくらん

（現代語訳＝記述済み）（六六〇頁）

8 わりなしや　うれしきものと　なぐさまで　また一筆に　そふ思ひ哉《かな》

（現代語訳＝記述済み）（六六六頁）

名木川蛇渕のうた

34 おそろしき　おろちが渕の　みな底は　限りもなぎの　ふかき谷川

（現代語訳＝恐怖に満ちた蛇淵が池の水底は際限もないが、その際限もないほどの奈義の峡谷を流れる川に源流を発しているわけだ）（五七八頁）

以上が、「三穂太郎記」に収載される詠歌と符合する和歌および関係する個所を、『白玉拾』からそのまま抄出した記述内容だが、両者の記述にこれほどの一致ないし重複《ちょうふく》が認められるとは、予想外の驚きである。そこで改めて、「三穂太郎記」の収載歌が直接抄出された出典・典拠が、果たして勅撰集であるのか、はたまた、『白玉拾』であるのかの検討をしてみると、以下に記すような理由・根拠によって、それは皆木保實編著の『白玉拾』であろうという結論に達したわけである。

その理由の第一は、「三穂太郎記」に収載の詠歌を勅撰集に収載の詠歌と比較してみると、勅撰集との一致歌には、読み人知らずの歌以外には、確固たる固有名詞で詠歌作者名が付《ふ》されている。それに対して、『白玉拾』との一致歌では、18・19の詠歌が皆木保實の詠歌である以外は、すべて作者表記が付されていないのだ。ということは、「三穂太郎記」において、「実兼」「姫」「長光坊」の作者表記を自由に付しても、何ら不都合は生じ得ないということであろう。ちなみに、18・19の詠は、『白玉拾』の内題《ないだい》に「和歌自詠の部」とあるから、皆木保實が作者だと判明するわけだが、当該歌が掲載されている個所には作者表記がなされていないので、その個所だけからは誰の詠歌であるかを知ることができない表記の体《てい》裁《さい》なのだ。ということは、形式的にはこの二首も作者表記がないのとまったく同様の体裁と考慮される可能性は十二分にあるわけだ。

その理由の第二は、「三穂太郎記」が収載する三十四首の和歌のうち、勅撰集と『白玉拾』に共通して所収されるのは、6・9・11・14・16・18・21〜28の詠の十六首を数える。ただし、18と26・27の詠の三首は一部の措辞《そじ》が分断して共通する。ところが、『白玉集』には、勅撰集に収載されない、2・3・7・8・15・19・34の詠の七首も「三穂太郎記」には収載されているのだ。この実体からだけでも「三穂太郎記」が『白玉拾』に依拠して出来あがっていることは疑い得ない事実といえるのだ。さらに、一部の措辞が勅撰集歌と重複する18と26・27のうち、26・27の詠の場合はともかく、18の詠は、『古今集』の措辞と重複するのが二句のみであるのに対して、五句すべてが『白玉拾』の収載歌と重複しているうえに、当該歌が皆木保實の詠歌であるので、勅撰集からの抄出はまったく考慮できないわけだ。

その第三の理由は、「はんじもの」をめぐる記述である。この個所については、さきに多少の省略を交えたものの紹介をした。しかし、論述の展開上、是非必要なので、再度、「三穂太郎記」から、当該個所を修正など一切加えないで、そのままの記述形式で引用しておくと、以下のとおりだ。

此歌を書いておくりければ、姫もうちとけたる体にて、返しにはんじもの

かくの如しかえしはんじ物、実兼つくづくと見て、もの書て四つある、しもの三ヶ月は弓張月、や

いばの下に心は、しのぶと言う字なれば、下の弓張月に忍ぶとは二三の夜しのびくるとの事なりと

はんじおふせて、（以下略）

ちなみに、この個所を現代語訳すれば、つぎのとおり。――実兼がこれらの詠歌を書き記して姫に贈ったところ、姫もくつろいだ様子で、実兼への返事に、判じ物（ある意味を文字・絵の中に隠して、考え当てさせるもの）で返した。（その判じ物は）以下のとおりだ。姫からの返事である判じ物を、実兼は念入りに見て、「もの」の字が四つ並ぶのは「四もの」（しもの）となり、つぎの「しもの三ヶ月」は「下旬の弓張月」で、「やいば（刃）の下に心」は「忍ぶ」という字に相当するので、「下の弓張月に忍ぶ」とは、「わたしは二十三日の夜にあなたの許へ密かに人目につかないように訪れる」という意味だ、と実兼はすべて解き明かして、……。

ところで、この場面で疑問に思われるのは、姫からの「はんじもの」がまったく提示されていないのに、実兼がいくつかの文字や絵による謎解《なぞと》きを判読して、「二三の夜しのびくる」と、解き明かすという展開である。そういえば、「返しにはんじもの」に続く個所が改行されて、「かくの如し」（＝つぎのとおりだ）と終止して、その間に、何ら判じ物が表示されないで、省略された文章展開になっているのも不可思議ではある。そこで、『白玉拾』の当該個所（六五八頁）をみると、すでに抄出、提示したように、

「かへしのはんじもの」として、確固たる文字と絵による判じ物が掲載されているのだ。この事実からだけでも、「三穂太郎記」の「はんじもの」をめぐる記述が、『白玉拾』に依拠して叙述されている明白な根拠となることは疑い得ない事実であろう。

その第四の理由は、「三穂太郎記」の叙述の中に『白玉拾』に依拠して記述したと推察される記述内容が認められることである。それは、実兼が姫に真情を込めた懸想文《けそうぶみ》を贈るにもかかわらず、姫から色好い返事が得られないために、実兼の苦悶《くもん》の情を描出した15と16の詠の狭間《はざま》に引用した個所だが、再度、原文の表記のまま以下に抄出してみよう。

実兼此の外幾くたびとなくとし月をかさね、よれつもつれつむつかしく、いろいろさまざまにかきておくり口説け共、逢ふべきかへしの筆津佐みもなく、心つよき返事ばかりにて、ひき事もなとへごとも心もつきはて、せめくる恋にやつれつつもはや露の命おく、べき果たもなく、文言葉もかれねつ、あつめうたにてつかはしける。

ちなみに、この個所を現代語訳すれば、つぎのとおり。――実兼はこのほか、幾年月を重ねて、両者の仲がたびたび捩《よじ》れたり縺《もつ》れたりして面倒な状態なので、種々様々に工夫《くふう》を凝らして消息文《しょうそくぶん》を姫に贈って、我が恋情を受け入れるよう説得、懇願したけれども、姫からは逢っても良いというような、興《きょう》に任せての程よい感想もなく、情にほだされない強情《ごうじょう》な返事ばかりが返ってきて、実兼が引き合いに出す文言も、譬《たと》え話もなくなって、あれこれ思い悩んで、精《せい》も根《こん》も尽き果ててしまい、迫り寄って来る恋の悩みに別人かと思われるほど、みすぼらしい姿になり果てながら、露のようなはかない命を生き長らえる方法もなくなってしまい、消息文の用語でも記すことができないので、手許に集めて置いた和歌を利用して、姫に贈ったのであった。

この「三穂太郎記」の記述部分を、『白玉拾』の当該個所と比較検討するために、再度、この個所を原文の体裁のままに引用すると、つぎのとおりだ。

弥生の中頃より文を通わし、その年も暮れて明くる年の七月まで、貞女の道を立てて返事ありしゆえ、引く言もおとへも心尽き果て、文ことはも書かれねは集めうたにて遣わしける。

ちなみに、この個所を現代語訳すると、つぎのとおり。――（女性はその年の）四月の中旬より消息文を遣《や》り取りして、その年も暮れて明年の七月まで、貞節《ていせつ》な女性の道を堅持《けんじ》しながら、返事を贈ったので、男性は引き合いに出す文言も、譬え話もなくなって、あれこれ思い悩んで、精も根も尽き果ててしまい、消息文の用語でも記すことができないので、手許《てもと》に集めて置いた和歌を利用して、女性に贈ったのであった。

この両者の消息文の遣り取りを記述した内容のうち、殊に傍線を付した個所の一致は、どちらかの記述に依拠しないでは叙述することが不可能な類似表現である。となれば、「三穂太郎記」から『白玉拾』への方向はまったく考慮する余地がないので、この記述も「三穂太郎記」が『白玉拾』に依拠してなされた証拠になるであろう。

なお、このほかにも当面の課題を実証する事例は指摘し得るが煩瑣《はんさ》になるので、以上に示した四つの根拠・理由をもって、「三穂太郎記」の和歌および関係個所が『白玉拾』に依拠して記述されていることの論証にしたいと思う。

五　「三穂太郎記」の和歌が関係する恋愛譚の原型とその作者

さて、「三穂太郎記」の和歌の関係する恋愛譚が『白玉拾』に依拠して形成されている事実を検証しえたが、それでは、その恋愛譚はどのような経過を経て出来上がったのであろうか。この問題を検証するために、再度、『白玉拾』の当該個所を精察《せいさつ》してみると、つぎのような興趣《きょうしゅ》深い事実に遭遇することができる。それは依拠《いきょ》した『白玉拾』それ自身が恋愛譚そのものの構造に仕立て上げられているという事実である。なぜならば、「三穂太郎記」が依拠しているわけでもないけれども、勅撰集にも収載されている数首の詠歌をみると、「三穂太郎記」では勅撰集に付されている詞書《ことばがき》などとは異なる文言《もんごん》を付して、再編集の形式で載せているからだ。たとえば、6の詠は『金葉集』（二奏本）の歌（四〇七）で、詞書には「皇后宮にて人びと恋歌つかうまつりけるに、被《る》ルレ返《かへ》サレ文ヲ恋といへることを」とあるのに、『白玉拾』では「文をかへす恋」と、また、14の詠は『新古今集』の歌（一一二三）で、詞書には「入道前関白太政大臣家歌合に」とあるのに、『白玉拾』では「又つかはすふみに」とそれぞれ脚色されているごとくである。

そこで、「三穂太郎記」に抄出されている『白玉拾』の詠歌に付された詞書だけを以下に列記してみると、つぎのとおりである。

2　なかだちによする恋

3　寄花恋《はなによするこひ》

6　文をかへす

7　かへし

8　又つかはす文のおくに・（なし）

9　（なし）

10　かへし

11　又遣《つか》はす文の奥に

13　かへし

14　又つかはすふみに

15　かへし

16　（なし）

18　（不逢恋《あはざるこひ》）

19　（寄玉恋《たまによするこひ》）

21　（なし）

22　（なし）

23　（なし）
24　（なし）
25　かくて忍び逢ひ、露の情けの新枕、今ぞうれしき泪なり
26　女とりあへず
27　とりの鳴ければ・契恋《ちぎるこひ》
28　女のかへし
34　名木川蛇渕のうた

このうち、18と19の詠は、皆木保實がそれぞれ、「不逢恋」と「寄玉恋」の題で詠じた題詠歌、8の詠は二箇所に登場する歌、27の詠は合成歌なので、二種類の詞書があること、34の詠は「奈木川蛇渕」の詞書を付す名所（歌枕）歌であることを注記しておく。

なお、参考までに、2の詠から28の詠までの間に載る詠歌群と、28の詠に続く五首について、「三穂太郎記」には未抄出の詠歌と詞書を、『白玉拾』から修正して掲載すれば、つぎのとおりである。

又遣はす文の奥に

千載　　　　　　　　　　　　　　（太皇太后小侍従）
A　恋ひ初《そ》めし　心の色の　なになれば　思ひかへすに　かへらざるらん
　　　　　　　　　　　　　　　　　　　（恋歌四・八九二）

（現代語訳＝恋をしはじめた色は、いったいどういうわけで、思い返そうとしても元へ戻らないのだろうか）

B

かへし

契り初めし　心の色の　深ければ　おもひかへさん　こともかなはず

（現代語訳＝将来を約束して初めて契りを結んだ心の色が濃厚《のうこう》なので、思い返そうとしても実現しないのだ）

〔以上、10と11の間〕

又遣はす文の奥に

（新）勅撰

C

わが床の　枕もいかに　思ふらん　なみだかゝらぬ　夜るしなければ

（八条院六条）

（恋歌一・六九〇）

（現代語訳＝我が床の枕もどのように思っているであろうか。物思いのために、涙が降りかからない夜更《ふ》けとてないのだから）

かへし

D

ふたみちを　かけてはいかに　我が床《とこ》の　枕思はん　ほどもはづかし

（現代語訳＝二人のお方と関係を持たれたらいかがでしょうか。我が床の枕の手前も、恥ずかしく思われますので）

〔以上、13と14の間〕

又遣はすふみに

E
思ひやれ　心の月の　光をば　人のつらさに　かくすくもりを
（現代語訳＝想像してみてください。わたしの心のうちの澄んだ月が、あなたの冷淡な応対のために、曇るのを隠そうとして塞《ふさ》いでいる心情を）

かへし

F
くもれりと　思ふ心の　月なくは　やがてさやけき　ひかりをやみん
（現代語訳＝あなたが塞いで憂鬱《ゆううつ》だと思っている心の月が、もし消えてしまったならば、あなたはすぐにはっきりと清澄《せいちょう》な光を心の中に見るでしょうよ）

〔以上、15と16の間〕

同（千載集）　（平実重）

G
人のうへと　思はゞいかゞ　もどかまし　つらきもしらず　こふる心は

（恋歌四・八六三）

（現代語訳＝他人の身の上のことだと思ったら、どんなにか非難したことだろうか。恋人が薄情《はくじょう》だということも知らずに、ひたすら恋しているわたし自身の心のことを）

〔22と23の間〕

新勅（撰）　（崇徳院御製）

H
恋々《こひこひ》て　たのむるけふの　くれは鳥　あやにくに待つ　程ぞ久しき

（恋歌三・七八五）

かくて忍び逢ひ、露の情の新枕《にひまくら》、今ぞうれしき泪なる

（現代語訳＝これまで恋いに恋い続けてきて、やっと逢うことを当てにさせる今日の暮れ、それなのに、たった今日一日の暮れを待つ間がなんとも長く感じられることだ）

（左注の現代語訳＝こうしてひそかに逢うことができ、露のようなわずかな愛情のもとではじめての共寝をしたが、今度は悲恋の涙ではなく、嬉しさのあまりに流す涙であるよ）

〔25の直前〕

I

わかれに

同（新勅撰）　（よみ人しらず）

うつゝとも　夢ともなくて　明けにけり　けさの思ひは　誰まさるらん

（恋歌三・八一五）

（現代語訳＝現実だとも夢だともいえない状態で、夜が明けてしまったことだ。後朝のつらい思いは、わたしとあなたのどちらが勝っていることでしょう。もちろんわたしのほうですよ）

J

女　かへし

同（新勅撰）　（権大納言藤原実国）

うつゝとも　夢とも誰《たれ》か　さだむへき　世人《よひと》もしらぬ　けさの別れを

（恋歌三・八一六）

（現代語訳＝現実だとも夢だとも誰が決められるでしょうか、誰も決められるなどできません。世間の人も知らない後朝の別れを）

おもへばおもへばなごりをしくて　（新院宰相）

玉葉

K　うれしきに　うきはそひける　ならひ哉　逢ひみし宵《よひ》に　けさのわかれぢ

（恋歌二・一四四五）

（現代語訳＝嬉しいことにはつらいことがついて回るのが、世の常なのだなあ。待ち受けて恋人と逢えた嬉しい夜の後には、翌朝の今の、つらい別れの道が待っていることだ）

かへるさの道すぐ泪にくれて

同（金葉集）　（源師俊朝臣）

L　しのゝめの　明け行く空も　帰るさは　泪にくるゝ　物にぞ有りける

（恋部下・四二三）

（現代語訳＝早朝の明けてゆく東の空も、恋人の許《もと》から帰って行くときは、涙にくれて暗く曇って見えなくなるよ）

跡を見送り有明の月を見て女

新古　（藤原定家朝臣）

M　帰るさの　物とや人の　とがむらん　まつよながらの　有明の月

（恋歌三・一二〇六）

（現代語訳＝ほかの女と今宵を過ごしたあの人は、帰り道のものとして、別れを嘆きながらじっと見つめているのでしょうか。夜通しあの人の訪れをむなしく待っていた、わたしが嘆きながら見

つめているこの有明の月を）

〈28の後〉

以上の「三穂太郎記」には収載をみないA～Mの詠と、同記に収載をみる2～28の詠（18と19の二首は除く）の詞書ないし左注《さちゅう》、Fと15の詠の間に記された散文による説明書き、24とHの詠の間にある「はんじもの」などの内容を検討してみると、2・3の詠は恋の仲立ちを記す、恋の発端の部分、6～10・A・B・11・13・C・D・14・15・E・Fの詠と16の間の説明書き・16・21・22・G・23・24・24とHの間にある「はんじもの」・H・25～27・28・I～Mの詠は、恋の消息文の贈答を主に記すが、このうち、「はんじもの」までは契りを結ぶに至る恋の苦悩を記す、恋の発展・展開の部分、H・25～27・28・I～Mの詠は恋が成就《じょうじゅ》するものの後朝の別れの悲哀と、恋が成就したゆえの辛苦《しんく》を記す、恋の終結の部分の描出であり、要するに、全体的には恋の成り行き、顛末《てんまつ》を展開した内容となっているのだ。

なお、『白玉拾』では、Mの詠に続く叙述でも勅撰集などの詠歌に詞書を脚色した、恋の描出場面が連続して、最後は死の場面の描出となっている。ここで屋上屋《おくじょうおく》を架《か》すようで恐縮だが、それに続いて新たな場面展開が始まり、そこには固有名詞に準ずる登場人物の紹介が記された場面があるので、参考までに当該《とうがい》個所のみ引用しておこう。

横山殿の御《み》台所は並び無き美人の聞こえありて、辰丸《たつまる》といふ児《ちご》、見ぬ恋に文を通して後に横山殿の留守なりける時、忍び逢ふ。ふたりながらうつくしく柳に桜こきまぜて、乱れあふたるその所へ、

横山殿帰りければ、御台所はおどろきながらかくばかり、

〈現代語訳＝横山殿の北の方〈奥方〉は、絶世の美人との評判が立っていたので、辰丸という元服前の若衆が、まだ見たこともないその美人に恋心を抱いて消息文を贈った結果、恋が成就して、後に横山殿が外出して不在であった時に、両者は人知れずひそかに逢うことになった。二人とも緑の柳〈辰丸〉に薄紅の桜〈北の方〉を混ぜ合わせた都の錦のように、華やかで美しく乱れ模様を呈して遊興に耽《ふけ》っていると、そこへ横山殿がご帰館なさったので、北の方もはっと我に返りながらも、つぎのような歌をお詠みになった……〉

N　児桜《ちござくら》　けふ咲き初《そ》めて　ほどもなし　あらくな吹きそ　横山の風

〈現代語訳＝稚児桜が今日はじめて咲いて、それほど時間も経過していません。どうか荒々しく吹かないでください。横山の風さま――わたしは今日はじめて若衆《わかしゅう》と逢ったばかりなので、どうかその児に乱暴を加えないでください。横山殿〉

辰丸もとりあへず　〈現代語訳＝辰丸も何はさておき、和歌を贈った〉

O　人しれず　木陰《こかげ》の花を　手折《たを》りしに　横山風に　あらはれにけり

〈現代語訳＝わたしは誰にも知られないように、ひそかに木の陰に隠れている花〈北の方〉を手折り〈情を通じ〉ましたが、横山から吹き降ろしてくる風〈横山殿〉によって、図らずも、手折ったことがはっきり知られてしまいました〉

横山殿もかくばかり　〈現代語訳＝横山殿からもつぎの返歌があった〉

P　児桜　主《ぬし》有る花を　手折るとも　木陰の枝は　何かをしまぬ

〈現代語訳＝児桜よ、主人のある花〈北の方〉を手折ったとしても、木陰の枝〈横山殿〉はどうして残念だと思わないだろうか、とても残念に思うよ〉

ここには、横山殿の北の方が、元服前の若衆と主人の留守に遊興に耽っていたところ、横山殿が突如帰館して、若衆との秘密の逢瀬《おうせ》が暴露《ばくろ》するという恋のアバンチュールを、『白玉拾』から抄出して紹介した。この恋のアバンチュールを、『白玉拾』は散文による説明書きと、三人の人物による和歌の贈答によって描出しているが、これは「三穂太郎記」の典拠になった『白玉拾』の記述方法とほぼ一致する筆致である。しかも、この三人の詠歌は勅撰集には見出すことができず、また、「横山殿」なる具体的な人物の素性《すじょう》も、現時点では筆者は寡聞《かぶん》にして知らない。

以上、「三穂太郎記」に収載をみる『白玉拾』の詠歌に付された詞書だけを検討してみると、当該詠歌群は、大まかな把握方法ではあるが、恋の発展段階を提示しており、

Ⅰ　恋の発端《ほったん》部分

Ⅱ　恋の発展・展開の部分

Ⅲ　恋の終結部分

のように、おおよそ総括《そうかつ》できるようだ。

加えて、「三穂太郎記」の内容とは関係しないが、上記のⅠ・Ⅱ・Ⅲの部分に連続する『白玉拾』の詠歌群は、さらに

Ⅳ　恋の終末（死）の部分

のごとく進展して、これらの場面の詠歌群は謂《い》わば、統一されたテーマ（主題）のもとに各詠歌が有機的に関連性を持った構造体となるべく配列されているように思量《しりょう》されるのだ。すなわち、『白玉拾』の第四冊分の「一　名所歌の部」のうち、六五四頁の2の詠から六六六頁のPの詠までの領域は、まさに一人の作者の発想のもとに、恋の成り行き、顛末が構想されて、そこに配置、配列された諸種の詠歌は、あたかも物語が展開するような構成、構造体になっているわけだ。

その結果、「三穂太郎記」の和歌が関係する恋愛譚の原型を、ここで大胆ではあるけれどもあえて想定するならば、「三穂太郎記」の恋愛譚は、収載される諸種の詠歌群を恋の発展段階に応じて配置、配列している、皆木保實編著の『白玉拾』の中の、筆者が検討を加えてⅠ・Ⅱ・Ⅲ・Ⅳの四つの部分に総括したうちの、Ⅰ・Ⅱ・Ⅲの部分を下敷きにした、実兼と姫という新たな登場人物が設定されて、その結果、『白玉拾』とは別個の新しい恋愛譚が再構成されて、誕生したと論証できるわけだ。

ここに、現在目にする「三穂太郎記」の伝説・伝承の姿（実態）はともかく、「三穂太郎記」の和歌が関係する恋愛譚の原型は、おそらく皆木保實によって構想され、成立・誕生したのではあるまいか。よしんば、筆者のこの推察が正鵠《せいこく》を射《い》ていないとしても、少なくとも、皆木保實の関係者、もしくは、その後継者などが関係して形成されたと推察することは許されるのではあるまいか。

さて、「三穂太郎記」の和歌に関係する恋愛譚の原型の作者に、皆木保實が想定されるとすれば、その論拠を側面から支えるのが、和歌群ではなくて地《じ》の文《ぶん》に見られる、まるで謡曲《ようきょく》の文章を想起させるがごとき、七五調のリズムを利《き》かせた筆致・筆趣であり、平安時代の作り物語や仮名《かな》日記、そのほか中世の散文作品、さらに江戸時代の有職故実《ゆうそくこじつ》などに依拠《いきょ》した種々様々な意匠《いしょう》を凝らした表現・措辞であって、そこには和歌の修辞法をはじめとする高度な表現技法を巧みに駆使《くし》した、あたかも錦《にしき》を見るような豪華絢《けん》爛《らん》な文章の綾《あや》が織り成されているのだ。それは、「三穂太郎記」の冒頭近くに載る、白無垢《しろむく》の小袖《こそで》に、唐《から》綾《あや》を四季の模様に染め分けた装束《しょうぞく》を身にまとった、齢《よわい》十六歳ほどの女性（姫）の姿を描出した以下の場面に窺《うかが》い知ることができようか。

[ア]春もやうやうあけぼのの、[イ]霞に匂ふ[ウ]梅のえに、はつ音をしらす鶯茶、左右の袖は[エ]夏来にけらし白妙の[オ]うの花いろにほととぎす、こしのもやう[カ]目にはさやかに見えねども、秋の[キ]千種のはな紅葉、[ク]妻恋ふしかもかはゆらし、裾は[ケ]難波や芦の葉に積れるゆきの冬げしき、[コ]岩間も氷る池水に、鴛鴦のうきねのおもひ羽は、[サ]おもひそめよの心かや、[シ]いとはなやかなるその姿、こしは[ス]柳の春風にゆられゆらるる風情して、[セ]露をふくめる海棠のほころびかかるめもとにて、[ソ]かつらの眉ずみほそぼそと、[タ]たんかの唇あざやかに、芙蓉《ふよう》のまなじりいとけだかく、[チ]誰袖《たがそで》ふれしかをりして、[ツ]心ときめくばかりなり。

（現代語訳＝季節は次第に春めいてきて、その春の夜がほんのりと明けてゆくころ、春霞に色美しく照り映《は》える梅の花が姿を現わし始めるなか、その梅の枝にやって来て、春を知らせる鶯が囀《さえず》りを聞かせている。唐綾《からあや》を四季の模様に染め上げた上着に、茶色がかった緑色の左右の袖は、早くも夏がやって来て、真っ白な卯《う》の花色にとって変わり、時鳥《ほととぎす》が忍び音《ね》を漏《も》らしている。装束の腰部のあたりの模様は、目でははっきりとは識別できないけれども、秋の季節の花や紅葉に色鮮やかに彩《いろど》られて、妻を恋い慕ってなく雄鹿のように愛らしい感じだ。裾のあたりは、難波江の蘆《あし》の若葉に白波が越えてくるように、白雪が積もっている冬景色を思わせるよ。そのような、岩間を流れる水も凍《こお》る、冷たい池水に身を携《たずさ》えている鴛鴦《おし》の浮き寝は、しみじみとあわれ深いことだ。その鴛鴦の雄《おす》の小さな尾の船舵《ふなかじ》形の「おもひ羽」は、心の底から愛しく思ってほしいという意思表示でもあろうか。総じて、あでやかで清楚《せいそ》な美しさを湛《たた》えたその容姿だが、そのうちの腰部は、春風に靡《なび》く青柳《あおやぎ》がゆらゆらと揺れるような風情《ふぜい》であるなか、目許《めもと》は、林檎《りんご》の花の形に似た、赤くて鮮やかな花を咲かせる海棠《かいどう》が、雨に濡れてほころんでいる趣であり、三日月のように細く引いた眉墨《まゆずみ》は青々として艶やかなうえ、赤い花のような唇は鮮やかで、蓮《はす》の花のような目じりは気品があるという容貌であって、いったい誰の袖が触れて移った梅の花の移《うつ》り香《が》なのか聞いてみたいような、そんな雰囲気を漂わせていて、期待に胸がどきどきわくわくするばかりの、姫の容姿である）

この姫が身にまとった装束や姫自身の容姿・容貌を描出した記述内容を、文章表現の視点から詳細に検討してみると、おおよそつぎのとおりだ。

まず、傍線アの部分は、『枕草子』の第一段の

　春はあけぼの。やうやう白くなりゆく山際……

（現代語訳＝春は明け方が趣があってよい。次第に白んでゆく山際が……）

の場面に依拠した表現であることは疑い得まい。

つぎに、イの部分は、『続拾遺集《しょく》』の春歌下の平泰時《たいらのやすとき》の歌（八一）である、

Q　ほのぼのと明け行く山の高嶺《たかね》より霞《かすみ》ににほふ花の白雲　（八一）
（現代語訳＝ほのかに夜が明けてゆく山の高い峰から、春霞に色美しく映える白雲のような桜花が姿をあらわすことだ）

の傍線部に依拠した表現だが、この詠は、傍線部アの「春……あけぼの」とも重なる措辞となっているのだ。

つぎに、傍線ウの部分は、『古今集』の春歌上の読み人知らずの歌（五）や、『詞花集』の春部の道命法師の歌（四）、『後拾遺集』の読み人知らずの歌（二一）などの

R　梅が枝《え》に来ゐる鶯春かけて鳴けどもいまだ雪は降りつつ　（五）
（現代語訳＝梅の枝にやって来てとまっている鶯は、春を待ち焦がれて鳴いているけれども、まだ雪が降りしきっているよ）

S　たまさかのわが待ちえたる鶯の初音《はつね》をあやな人や聞くらむ　（四）
（現代語訳＝わたしが待ちに待ってやっとのことで叶えられた、この鶯の初音を、不都合にも他人も聞いているのだろうか）

T　ふりつもる雪消えがたき山里に春を知らする鶯の声　（二一）

（現代語訳＝降り積もった雪が、いつまでも消えないでいる山里に、春がきたことを知らせるのは、鶯の声であることだ）

のそれぞれ傍線部を施した部分に依拠した措辞であるが、「鶯茶」については和歌の表現には見出せないが、「鶯茶」は江戸時代後期ごろに流行した染め色のひとつで、女性に特に好まれた色彩だ。ちなみに、『古語大辞典』（小学館）には、つぎのように載っている。

うぐひす―ちゃ【鶯茶】〔名〕染め色の一つ。鶯の羽色に似た緑色。茶色がかった緑色。「春知り顔に、七つ屋の蔵の戸出づる――の、布子の袖を摺れもつれ」（浄・山崎与次兵衛寿の門松・上）

つぎに、エの部分は、『新古今集』の夏歌の持統天皇の御製（一七五）の

U　春過ぎて夏来《き》にけらし白妙《しろたへ》の衣ほすてふ天《あま》の香具山《かぐやま》　（一七五）

（現代語訳＝春は過ぎて夏が来たらしい。夏ともなれば衣を乾すという天の香具山に、ほら、真白な衣を乾しているよ）

のUの詠に依拠していることはいうまでもないが、続くオの部分の措辞は、『玉葉集』の夏歌の永福門院《えいふくもんいん》

の歌（三一九）や、『貫之集』の第二に収載の歌（一四七）の

V　ほととぎす空に声して卯の花の垣根も白く月ぞ出《い》でぬる　（三一九）

（現代語訳＝時鳥が空に一声、鋭い声で鳴いて通過し、卯の花の咲く垣根もひとしお白々と映えて、月が出たことだ）

W　けふもまた後もわすれじ白妙の卯の花咲ける宿とみつれば　（一四七）

（現代語訳＝今日はもちろん、今後も決して忘れることはあるまい。真白の卯の花が咲いている宿があの人の住居だと見つけたので）

のVやWの詠に類似の表現・措辞を指摘できるのだ。ちなみに、Wの詠は、初句と第二句が「今日と又後と忘れじ」の措辞で、『後拾遺集《ごしゅういしゅう》』の「異本歌《いほんか》」に「清原元輔《もとすけ》」の作者名で掲載されていることを指摘しておこう。

なお、「うの花いろの」の措辞については、『弘長百首』の夏十首の「卯花」題の二条為氏《ためうじ》の歌（一四五）の

X　卯の花の色を重ねて白妙《しろたへ》の浪もてゆへる玉川の里　（一四五）

（現代語訳＝卯の花の真白な色をさらに重ねて、玉川の里は、普段よりもいっそう白色を増した白波を結いめぐらせて流れているよ）

のWの詠が参考になろうか。

つぎに、傍線カは、『古今集』の秋歌上の藤原敏行《としゆき》の歌（一六九）の

Z　秋来《き》ぬと目にはさやかに見えねども風の音にぞおどろかれぬる　（一六九）

（現代語訳＝秋がやって来たとは目にははっきりと見えないけれども、風の音でそれと気づかされたよ）

のZの詠に依拠していることは、誰の目にも明白であろう。

つぎに、キの部分は、『古今集』の秋歌下の読み人知らずの歌（二五九）の

a　秋の露いろいろことに置けばこそ山の木《こ》の葉の千種《ちくさ》なるらめ　（二五九）

（現代語訳＝秋の露が色とりどりにおくからこそ、山の木の葉がさまざまに色づくのだろう）

のaの詠が、色とりどりに紅葉した秋の山の様相を叙述して、参考歌に供《きょう》せられるが、「秋の千種の花」と連続する「鹿」を結びつける措辞としては、『拾遺集』の秋上の源頼家の歌（三三一）である、

b　我が宿に千種の花を植ゑつれば鹿のねのみや野辺にのこらむ　（三三一）

（現代語訳＝我が家の庭に色とりどりの花ばなをすっかり植えたので、今では鹿の声だけが野辺に残っているのだろうか）

つぎに、クの傍線部は、『古今集』の秋歌上の凡河内躬恒の歌（二三三）のbの詠を検索できて、ともに傍線部キの表現・措辞と共通する内容を持つようだ。

c　妻恋ふる鹿ぞ鳴くなる女郎花《をみなへし》おのが住む野の花と知らずや　（二三三）

（現代語訳＝妻を恋い慕って鹿が鳴いている。鹿は女という字を持つ女郎花が自分が住処《すみか》にしている野に咲く花と知らないのかしら）

のcの詠に依拠した表現ではなかろうか。なお、「かはゆらし」（動詞「かはゆ」＋助動詞「らし」）の措辞は和歌にはみられず、江戸時代の浄瑠璃《じょうるり》にしばしば見出される表現だ。

つぎに、傍線部ケは、『新古今集』の春歌上の藤原秀能《ひでとう》の歌（二六）と、『後拾遺集』の春上の藤原範《のり》永《なが》の歌（四九）の

d　夕月夜《ゆふづくよ》しほ満ち来《く》らし難波江《なにはえ》の蘆《あし》の若葉にこゆる白波《しらなみ》　（二六）

（現代語訳＝夕月の出とともに潮が満ちてくるらしい。難波江の蘆の若葉に白波が越えているよ）

e　花ならで折らまほしきは難波江のあしの若葉に降れる白雪　（四九）

（現代語訳＝花ではないのに折りたく思うのは、難波江の蘆の若葉に降り積もっている、白い花のような白雪であるよ）

のdとeの両詠の傍線部に依拠した表現・措辞であることは間違いあるまい。

つぎに、傍線部コのうち、「岩間も氷る池水に」の措辞は、『金葉集』（二奏本）の春部の藤原顕季《あきすえ》の歌（一）や、『千載集』の冬歌の藤原公実《きんざね》の歌（三八七）、『新拾遺集《しんしゅういしゅう》』の冬歌の賢俊《けんしゅん》大僧正の歌（六五一）などの

f　うちなびき春はきにけり山河《やまがは》の岩間の氷今日やとくらむ　（一）

（現代語訳＝春がやってきたよ。山の中を流れる川の岩と岩の間に張っていた氷が、今日は解けているだろうか）

g　昨日こそ秋は暮れしかいつの間に岩間の水のうすこほるらむ　（三八七）

（現代語訳＝つい昨日秋は暮れたと思っていたよ。いつの間に岩間の水が薄く氷が張るようになったのか）

h　いづくとも汀《みぎは》ぞ見えぬ池水のこほりにつづく庭の白雪　（六五一）

（現代語訳＝池の水の水際がどこにあるともわからないように凍っている、その氷に連続して、庭

一面に雪が覆《おお》っているよ）

のf～hの三首の傍線部に類似表現が指摘できるので、これらの措辞が参考になったのではなかろうか。

また、「鴛鴦のうきねの」の措辞は、『千載集』の冬歌の崇徳院《すとくいん》の歌（四三二）、同じく藤原経房《つねふさ》の歌（四三四）の

i　このごろの鴛鴦《をし》の浮き寝ぞあはれなるうは毛《げ》の霜よ下の氷よ

（現代語訳＝寒いこのごろの鴛鴦の浮き寝は、しみじみとあわれ深いことだ。上毛におりた霜の白さよ。下の氷の冷たさよ）

j　鴛鴦《をしどり》の浮き寝の床やあれぬらむ氷柱《つらら》ゐにけり昆陽《こや》の池水　（四三四）

（現代語訳＝鴛鴦の浮き寝の床は荒れてしまったであろうか。昆陽の池水は氷りついてしまったよ）

のiとjの詠に傍線部のごとき措辞を認めることができるようだ。

なお、「おもひ羽」の措辞は、『古語大辞典』（小学館）に「鴛鴦《おしどり》や孔雀《くじゃく》・雉《きじ》などの、雄の尾の船舵形の小さい羽。『つるぎば』とも。多く夫を思う意を掛けて用いる。（中略）『鴛鴦の覆《おほ》ひぞすらん。――を交《か》はし寝《ぬ》るならつらら枕よ磯枕《いそまくら》』（浮・好色万金丹・五）」と掲載されている。

つぎに、傍線部サは、『新後撰集』の春歌下の西行法師の歌（一一三）の

k　なにとかくあだなる花の色をしも心に深く思ひそめけむ　　　（一一三）
（現代語訳＝どうしてこんなにはかない花の色を、心の奥深くまで染め始めてしまったのだろう）

のkの詠の傍線部に類似の措辞を見出し得るようだ。なお、この詠歌は『山家集』の春（一五三）にも収載される。

つぎに、傍線部シは、『紫式部日記』における一条天皇の藤原道長の土御門《つちみかど》邸への行幸《みゆき》を叙述した場面で、内裏《だいり》の女房（橘隆子）の姿を描いて、

姿つき、もてなし、いささかはづれて見ゆるかたはらめ、はなやかにきよげなり。
（現代語訳＝その姿や振る舞い、扇から少しはずれて見える横顔は、あでやかでこざっぱりとして美しい感じである）

の傍線部に依拠して描出された趣ではある。

つぎに、スの傍線部は、風と柳の揺れ動くさまを視覚的に把握した、『後拾遺集』の春上の藤原元真《もとざね》の歌（七六）や、『新古今集』の春歌上の殷富門院大輔《いんぷもんいんのたいふ》の歌（七三）の

l　浅緑乱れてなびく青柳《あをやぎ》の色にぞ春の風も見えける　（七六）

（現代語訳＝薄い緑色に風に乱れて靡《なび》く青柳の色によって、見えないはずの春風の色も目に見えたことだ）

m　春風の霞《かすみ》吹きとく絶え間よりみだれてなびく青柳の糸　（七三）

（現代語訳＝一面にたなびいている霞を春風が吹いて解く、その絶え間から、糸のように乱れて靡く青柳よ）

のlとmの詠に依拠して記述された表現に間違いないであろう。なお、「ゆられゆらるる風情して」の措辞は、和歌には見られず、散文作品に多く見られる表現である。

つぎに、傍線部セは、最適の和歌的表現を探索し得ないが、このうち、「海棠」は、庭木として植えるバラ科の落葉低木で、春、林檎《りんご》の花の形に似た、赤くて鮮やかな花を開く植物だ。ちなみに、この語には「海棠の雨に濡れたる風情」の諺《ことわざ》があって、「美人のうちしおれた姿を、海棠《かいどう》の雨に濡れたさまに譬《たと》えていう」意であり、これが「露をふくめる海棠の」の措辞に援用《えんよう》され、女性の「めもと（目許）」にも影響しているのではなかろうか。また、傍線部シの「風情して」の表現も、もしかして、この諺に関係があるのかも知れない。

なお、傍線部セのなかの「ほころびかかるめもとにて」と重なる表現は和歌の措辞には見出せないが、「ほころび」の措辞は、柳が芽ぶいて風に靡くさまを、片糸を縒《よ》って懸《か》けるのに見立てた歌として有名な『古今集』の春歌上の紀貫之の歌（二六）の

n　青柳の糸よりかくる春しもぞ乱れて花のほころびにける　（二六）

（現代語訳＝青柳が糸を縒って懸けている春、そのような折も折、一方では糸が乱れて花がほころび咲いたことだ）

のnの詠が想起されるのではあるまいか。なぜならば、直前の傍線部スに、春風に吹かれて揺らめく「柳」の場面が描出されたばかりであるわけだから。

つぎに、傍線部ソは、三日月のように、細く美しく引いた美人の眉墨《まゆずみ》のことを表現して「桂《かつら》の黛《まゆずみ》」というわけだが、この表現・措辞は和歌には見出せないものの、謡曲の『卒都婆《そとば》小町』に、

さも古《いにし》へは優女《いうぢょ》にて、花の貌《かたち》輝き、桂の黛青うして

（現代語訳＝〈この女性は〉昔はさぞかし美女で、桜の花のような容貌は光り輝いて、三日月のように細く引いた眉墨は青々として、……）

のごとくある記述が参考にされたのではなかろうか。

つぎに、傍線部タのうち、「たんかの唇」、「芙蓉《ふよう》のまなじり」の表記は、これまた和歌の表現ではないけれども、軍記物語の『太平記』（二十一巻）に、美人の容貌を描出する要素のうち、唇には「丹花」を、眸《まなじり》には「芙蓉」を、それぞれ比喩として用いている描写が、つぎの

ほのかに見ゆる眉の匂ひ、芙蓉の眸、丹花《たんくわ》の唇、……

（現代語訳＝ほんのりと見える眉の美しく映える色艶、蓮の花のような気品のある目じり、赤い花のように、赤く美しい唇、……）

のごとく認められるので、これらの美人の容貌を形容する定番の描写表現を、「三穂太郎記」でも援用して描出したのではなかろうか。

つぎに、傍線部チは、かぐわしい梅の香を移り香とする、『古今集』の春歌上の読み人知らずの歌（三三）や、『新古今集』の春歌上の源通具の歌（四六）の

o　色よりも香《か》こそあはれと思ほゆれ誰《た》が袖触れし宿の梅ぞも　（三三）

（現代語訳＝花の色よりも香のほうがすばらしいと思われる。いったい誰が袖を触れて移り香を残していった、この家の梅なのだろうか）

p　梅の花誰が袖触れしにほひぞと春や昔の月に問はばや　（四六）

（現代語訳＝この梅が香はいったい誰の袖が触れて移った香りなのかと、昔と変わらない春の月に聞いてみたいものだ）

のoとpの詠を念頭に置いての表現・措辞であることは明白であろう。

最後に、傍線部ツは、これまた和歌の表現には見出し得ないが、『源氏物語』の蛍の巻に、玉鬘《たまかずら》に魅せ

られて言い寄る蛍兵部卿宮《ほたるのひょうぶきょうのみや》を叙述した場面があって、そこに

> 宮は、（中略）すこしけ近《ぢか》きけはひするに、御《み》心ときめきせられたまひて、……
> （現代語訳＝蛍兵部卿宮は、玉鬘の居場所が想像していたよりも少し近いような感じがするので、期待に胸をどきどきわくわくさせなさって、……）

のような叙述が認められるので、このチの部分の表現・措辞も平安時代の作り物語の借用と考慮されるのではあるまいか。

以上、「三穂太郎記」の冒頭部分にある、姫の装束姿を描出した叙述方法をめぐって、文章の成り立ちの視点から分析を試みたところ、そこには和歌の修辞法《しゅうじほう》を駆使したり、平安時代の作り物語・仮名日記、中世の文学作品や謡曲、そのほか江戸時代の有職故実など、高貴な女性像を描出する際の凝った言い回しや常套《じょうとう》手段の借用など、一般人にはとうてい不可能な、高度に熟練された文章表現技術を体得した教養ある人物にしかできない、綾の織物を見るような見事な筆致による文章練達《れんたつ》の痕跡《こんせき》を認めることを得たのだ。

ここで文章表現の練達《れんたつ》者の視点から「三穂太郎記」の作者を想定するならば、それはさきに想定した皆木保實を措《お》いて誰を想定することができるであろうか。ということは、地の文に認められる文章表現技術の視点からも、皆木保實を「三穂太郎記」の作者として想定することは、許されるわけだ。

それでは、「三穂太郎記」の古典和歌が関係する恋愛譚の原型の作者に、皆木保實が想定されるとすれ

ば、その成立時期はいつごろであろうか。この問題に示唆《しさ》を与えるのは、言うまでもなく『白玉拾』の編纂《へんさん》時期と密接に関連するであろう。となると、『白玉拾』の成立時期だが、残念ながら、『白玉拾』には奥書などの当該問題を直接に解決する記述がないのだ。そこで、現時点では、奈義町教育委員会編『白玉拾』に収載の「皆木保實と白玉拾」を参考にするしか手掛かりが見出しえないので、つぎに当該記事は少々長文ではあるが、その全文を引用したいと思う。

皆木保實と白玉拾

「白玉拾」の著者皆木保實は、明和四年（一七六七）に生まれ、嘉永四年（一八五一）八十五歳の高齢で没している。墓は奈義町皆木にある。

津山藩士正木照雄が、当時の作州東六郡の地誌を編集した「東作誌」を執筆したのが文化九年（一八一二）から文政元年（一八一八）の六年間で、五十回に亘り現地確認をしている。保實と正木輝雄は歌壇の面で親交があり、豊田庄及び梶並庄については保實が道案内をしている。津山松平藩「国元日記」には輝雄が保實の宅を訪ねたことが記録されており、白玉拾にも同様の記述がある。この六年間は保實四十五歳から五十一歳の円熟期であった。

保實の執筆と云われる「美作太平記」は南北朝の内乱から戦国時代の東作州の動向を生き生きとえがいている。この著作年代も文化文政年間で上町川村の「御所宮由来」、西原村の「安祥寺縁起」など東作誌と重複した記述がみられ、正木輝雄が収集した東作州の記録類を整理して構想を練り、執筆したものであろう。

「白玉拾」は全巻百巻といわれ、その内容は彼の得意とする和歌をはじめ、地理、歴史、料理、薬、暦、生花など多岐にわたり、さながら百科事典の如き趣がある。執筆年代も文化年間から天保年間、四十代から七十代までの長期間である。正木輝雄、歌子夫妻と共に何回か宮中の歌会に参会し、その時の天皇の御製も収録している。また全国各地の歌の名所を巡って、多くの歌を残しており、豊沢の随泉寺の住職との交流など地元の文化人達とも親交を結んでいる。

歌枕として有名な「久米の佐良山」について、津山市中島の「嵯峨山」こそ「久米の佐良山」であるとして、論を展開している。「久米の佐良山」は国振りの歌（美作の民謡）として、清和天皇の大嘗祭（美作は主基国）で演奏されて以来、めでたい歌として宮中では事有るごとに演奏され、現在も宮内庁雅楽部で演奏されている曲である。

平成十八年八月

奈義町教育委員会
奈義町文化財保護委員会

この「皆木保實と白玉拾」の記述は、二つのテーマ（主題）をめぐる、簡にして要を得た論述になっており、筆者が解決しようと企図《きと》する問題に十分な示唆を与えてくれるようだ。なぜならば、『日本人名大事典』（平凡社）にも見出せない「皆木保實」の情報提供の点で、必須の知識になるからだ。

というわけで、この「皆木保實と白玉拾」から得られた知識を活用して「三穂太郎記」の和歌の関係する恋愛譚の原型の成立時期を想定するならば、皆木保實自身が作者となれば、江戸時代の文化年間（一八〇四〜一八）以降となり、また、保實の後継者、あるいは、その周辺の人物となれば、天保年間（一八三〇〜四四）以降となるであろう。これを要するに、江戸時代後期ごろには、「三穂太郎記」の和歌の関係する恋愛譚は誕生していたということになろうか。

六　補遺

以上、「三穂太郎記」の関係する恋愛譚の原型の成立に問題をしぼって種々様々な視点から考察を進めてきたが、ここでこれまでに考察し残した和歌関係の問題について補遺をしておきたいと思う。それは「三穂太郎記」に収載される三十四首のうち、出典・典拠を明らかにすることができなかった九首の和歌についてである。

ここに改めて該当する和歌を列記すれば、つぎのとおり。

4　いひ捨つる言の葉までに情けあれ　ただいたづらにくちはつる身を
（現代語訳＝何気なく言い放った言葉にまで真心をつくしなさいよ。まるで無駄死にのごとく、この世から朽ち果てて消えてしまう身なのだから）

5　心より心まよはす心なれ　心に心　心ゆるすな
（現代語訳＝自分の心から、分別心を喪失《そうしつ》させるのが心というものだ。だから、心に対しては、心よ、決して油断してはならないのだぞ）

17
身は海のしほひぬ袖のうらみつつ　うらみてだにも見るめなきかな
（現代語訳＝わたし自身は、海がすぐには引き潮にならないように、涙で濡れた袖が乾かないことに不平を言いながら、我が身を恨んでいるが、そのようにいくら恨んでみても、海松布《みるめ》が生えない磯のように、あなたに逢う機会がないことだ）

20
うらみつつみるめもしらぬしらなみの　よるよるぬるゝ床のうみかな
（現代語訳＝あなたのことを恨みながら、海松布がどこに生えているのかも知らない磯のように、あなたに逢える機会とてないわたしは、白波が毎晩毎晩打ち寄せてくる海のように、わたしの臥している床は、毎晩毎晩流す涙でぐっしょり濡れて、まるで海のようですわ）

29
人たらで人たる人の人なさけ　人たる人のおやとやなるらん
（現代語訳＝わたしは人間の身ではないので、真の人間であるあなたの情愛・思い遣りを受けて、一人前の人間が持っている情愛や思い遣りを身につけた、真の人間の親となっていくのでしょうか、不安でしかたありません）

30
逢ひ初めしうれしき事のありてまた　ならひはつらき別れなりけり
（現代語訳＝愛しいあなたとはじめて契りを結んだという、嬉しい出来事があって、再びわたしの人生は、耐え難い別離となってゆく運命なのだなあ）

31
身のうへはうら嶋の子の玉手箱　あけてはさぞやくやしかるらん
（現代語訳＝わたしの境遇は、伝説の浦島太郎の玉手箱と同じで、浦島太郎が玉手箱を開けたとたんに白髪の老人に化して悔《く》やんだように、霧の帳《とばり》が開《あ》けて、わたしの姿が現れたのを見て、いま

ごろはさぞかし、あなたは後悔しているのでしょうね）

32　君がため仮の契りもをしまれて　かずならぬ身のあらはれにけり

（現代語訳＝あなたのためにかりそめの契りも大切なことだと思われて、わたしの取るに足りない正体が露顕《ろけん》してしまったことです）

33　悲しくはなぎの谷川すむみなり　かはるすがたもひとめ逢ふなる

（現代語訳＝悲しいことには、わたしは那岐の川に住む身です。そして、お出《い》でになったあなたが、わたしの変化《へんげ》の姿にも一目出くわすという宿命です）

まず、4と5の詠は、憶測《おくそく》を逞《たくま》しゅうすれば、『白玉拾』の六六六頁から六六七頁に載る、江戸時代中期以降に流行した「狂歌」（構想、用語などに滑稽《こっけい》、諧謔《かいぎゃく》の意を盛り込んだ短歌）の一群である、

q　心こそ　心ですむが　心也《なれ》　すまぬ心が　にごるこころぞ

（現代語訳＝心というものは、心の中に邪念《じゃねん》・俗念などが消えて、迷いがなくなった状態が真の心というものだ。逆に、心の中に邪念・俗念が消えないで、迷いの中にある状態は、煩悩《ぼんのう》にとらわれ、邪念を持つ心というものだ）

のqの詠に依拠して詠作されたのが、5の詠であり、また、『白玉拾』のqに連続する、

r　なるやうに　ならふと言ふは　捨て言葉　只なすやうに　成ると心え

（現代語訳＝「実現するように繰り返し学習する」というのは、その場限りの心に残らない「捨てぜりふ」だ。「ひたすら、何事も行動したとおりに事は実現するものだ」と理解するがいい）

のrの詠を参考にして出来上がったのが4の詠だと、筆者には推察されるわけだ。

ただし、奈義町教育委員会が編纂した『白玉拾』の、第四分冊には「三　文字の部　（未収録）」と「七　狂歌の部　（未収録）」とあるように、未収録の記事がある由なので、もしかして、この4と5の詠が収載されている可能性は少なくないであろうと推測したが、残念ながら、後日、寺坂信也氏のご厚意で当該部分のコピーをご送付賜り、調査・検討を加えた結果、両歌ともに発見することはできなかった。

なお、17・20・29〜33の七首は、目下のところ、出典資料を探索し得ないのが残念である。ちなみに、これらの出典未詳歌にも、拙《つたな》いものではあるが現代語訳を付しておいたので、参照賜れば幸甚に思う。

最後に、本論考は「三穂太郎記」の和歌の関係する恋愛譚の原型に焦点を定めて考察したものであって、そのほかの「さんぶたろう」に関わる伝承などについては一切考察から除外している。したがって、残された諸問題については、改めて考察しなければなるまいが、幸いなことに、さきに引用した「奈義町教育委員会　資料七」の『さんぶ太郎考』に、「伝承の『さんぶたろう』説話は、あきらかに日本伝来のむかしばなしと伝承の蛇女房とダイダラ坊であることはまちがいない」（四五頁）との傾聴に値する、貴重な分析結果がさりげなく提示されているうえに、当該書は、以下に掲載する「目次」から明白なように、「さんぶ太郎」にかかわるさまざまな諸問題について、意義深い考察を展開しているので、それらの考察を参看《さんかん》していただくことを要請して、ここではこれ以上の考察は控《ひか》えさせていただきたいと思う。

目次

C 「さんぶたろう」の食事に関するもの

D その他

三穂太郎記

七 まとめ

以上、「三穂太郎記」の和歌の関係する恋愛譚の原型に問題をしぼって、種々様々な視点から考察を進めてきたが、ここでこれまで展開してきた論述について要約しておきたいと思う。

一 本論考のテキストには、「奈義町教育委員会 資料七」の『さんぶ太郎考』（昭和六〇・一二、奈義町教育委員会）に収載される「三穂太郎記」を採用した。

二 「三穂太郎記」の概略については、なぎ昔話語りの会・立石憲利共著『奈義の民話』（平成二六・一〇、岡山県奈義町教育委員会）の「一、昔話」の「（九）人物の伝説」の「95さんぶ太郎」から引用したが、同書には、ほかに、「一、昔話」の「（一）本格昔話」の「26三穂太郎」にも紹介が載る。しかし、紙数の関係でこちらは本論考では紹介しなかったので、参照賜らば幸甚《こうじん》に思う。

三 「三穂太郎記」には勅撰集からの抄出歌が十六首指摘される。ただし、このうちの二首は合成歌であることを断っておかねばならないが、四十七・一パーセントの収載率になる。ちなみに、出典では『新勅撰集』が五首、『金葉集』『新古今集』が各三首、『古今集』『千載集』が各二首、『拾遺集』『詞花集』『玉葉集』が各一首である。また、収載歌人では読み人知らずが三首のほかは、凡河内躬恒・平祐挙・道命法師・藤原永実・皇后宮美濃・道因法師・源頼政・皇嘉門院別当・西行法師・寂然法師・源師光・八条院高倉・藤原公経・中宮少将・藤原実泰が各一首だ。

四　「三穂太郎記」がこれらの勅撰集歌を基幹《きかん》にして形成されているかというと、そうではなくて、じつは、皆木保實編著『白玉拾』に収載される二十五首（このうち、二首は重複）を基幹にして、物語は構成されているのだ。

五　『白玉拾』を「三穂太郎記」の直接の出典・典拠だと推定する根拠・理由の第一は、「三穂太郎記」の所収歌《しょしゅうか》で、勅撰集にも収載される歌（重出歌）が勅撰集では確固たる詠作者名が付されているのに、『白玉拾』では無記名であるので、「三穂太郎記」において、登場人物の「実兼」「姫」「長光坊」などに借用・転用が至極《しごく》、容易であったと推察できることであろう。

六　その第二の根拠・理由は、「三穂太郎記」に「実兼」から「姫」への返歌として「はんじもの」が用いられているが、その「判じ物」の実体が、『白玉拾』に「かへしのはんじもの」として、絵入りで具体的に詳細に描かれているものと、まさしく符合することから、「三穂太郎記」の「判じ物」の記述は、『白玉拾』のこの記事以外にはまったく考慮することが不可能である点にあるからだ。

七　「三穂太郎記」の和歌が関係する恋愛譚の原型は、同記に収載される二十五首（二首重複）が『白玉拾』の中でも、恋愛譚のごとく配列・構成されているが、その構成場面を採用して、形成されたと考慮されるのではあるまいか。

八　その点を実証するのが、これらの二十五首（実質二十三首）に付された詞書で、そこでは、詞書が「又つかはすふみに」「かへし」などと、和歌の贈答形式で展開して、まさに恋愛譚になっているからだ。

九　そこで、「三穂太郎記」の和歌が関係する恋愛譚の原型を、主題の視点から総括すれば、Ⅰ　恋の発端の部分、Ⅱ　恋の発展・展開の部分、Ⅲ　恋の終結の部分のごとくであり、それは、恋の成り行き、顛末を展開する内容になっていると要約できようか。

十　ここで「三穂太郎記」の和歌の関係する恋愛譚の原型の作者を想定すれば、『白玉拾』に深く関わる人物からしても、皆木保實が第一候補にのぼるであろう。でないとすれば、保實の関係者、もしくは、その後継者となろうか。

十一　その根拠・理由を側面から支えるのが、「三穂太郎記」の冒頭近くにある「姫」が装束を身に纏《まと》った容姿・容貌を描出する場面の文章表現の卓越性であろう。そこには和歌の修辞法や高貴な女性像を描く際に用いられる常套《じょうとう》文句などを駆使《くし》した、まるで綾を織り成すような見事な筆致による痕跡が認められて、この場面を描出し得るのは、諸種の条件からみて、皆木保實以外には考慮されないのではないか。

十二　その原型の作者が皆木保實となると、この恋愛譚の原型が描出された成立時期は、『白玉拾』の成立時期の上限である、江戸時代の文化年間（一八〇四～一八）ごろとなり、また、保實の関係者、ないし、後継者となると、天保年間（一八三〇～四四）ごろとなるが、いずれにせよ江戸時代後期には成立していたであろう。

十三　本論考は、「三穂太郎記」の和歌が関係する恋愛譚の原型の形成に焦点を定めた考察であるので、そのほかの諸問題については、「奈義町教育委員会　資料七」の『さんぶ太郎考』に収載される考察を参照していただきたく思う。

〔参考文献〕

本論考を叙述する際に、諸種の面で活用させていただいたが、本文中では注記できなかった参考文献を、最後になったがここで一括して掲載し、著者、編者の各位に衷心《ちゅうしん》より厚く御礼申しあげたく思う。

一　現代語・古語・漢語辞典類

尚学図書編『国語大辞典』（昭和五六・一二、小学館）

岡見正雄ほか編『角川古語大辞典』（昭和五七・六〜平成一一・三、角川書店）

中田祝夫ほか編『古語大辞典』（昭和五八・一二、小学館）

鎌田正ほか著『漢語林』（平成二・四、四版、大修館書店）

秋山虔ほか編『三省堂詳解古語辞典』（平成一二・一、三省堂）

三角洋一ほか編『最新全訳古語辞典』（平成一八・一、東京書籍）

二　文学・文学史辞典（事典）類

有吉保編『和歌文学辞典』（昭和五七・五、桜楓社）
市古貞次ほか監修『日本古典文学大辞典』（昭和五八・一〇〜同六〇・二、岩波書店）
島津忠夫ほか監修『和歌文学大辞典』（平成二六・一二、古典ライブラリー）

三　テキスト類

三村晃功編『明題和歌全集』（昭和五二・二、福武書店）
『新編国歌大観　第一巻〜第一〇巻』（昭和五八・二〜平成四・四、角川書店）

四　注釈書類

久保田淳校注『新古今和歌集』（新潮日本古典集成、昭和五四・三、同・四、新潮社）
片桐洋一訳・注『古今和歌集』（全対訳日本古典新書、昭和五五・六、創英社）
小町谷照彦訳注『古今和歌集』（対訳古典シリーズ、昭和六三・五、旺文社）
小島憲之ほか校注『古今和歌集』（新日本古典文学大系、平成元・二、岩波書店）
川村晃生ほか校注『金葉和歌集　詞花和歌集』（新日本古典文学大系、平成元・九、岩波書店）
小町谷照彦校注『拾遺和歌集』（新日本古典文学大系、平成二・一、岩波書店）
片桐洋一校注『後撰和歌集』（新日本古典文学大系、平成二・四、岩波書店）
田中裕ほか校注『新古今和歌集』（新日本古典文学大系、平成四・一、岩波書店）
片野達郎ほか校注『千載和歌集』（新日本古典文学大系、平成五・四、岩波書店）
木船重昭編著『続古今和歌集全注釈』（平成六・一、大学堂書店）
久保田淳ほか『後拾遺和歌集』（新日本古典文学大系、平成六・四、岩波書店）

岩佐美代子著『玉葉和歌集　上巻・中巻・下巻』（笠間注釈叢刊、平成八・三～九、笠間書院）
深津睦夫著『続後拾遺和歌集』（和歌文学大系、平成九・九、明治書院）
佐竹昭広ほか校注『萬葉集　一～四』（新日本古典文学大系、平成一一～同一五・一〇、岩波書店）
村尾誠一著『新続古今和歌集』（和歌文学大系、平成一三・一二、明治書院）
岩佐美代子著『風雅和歌集全註釈　上巻・中巻・下巻』（笠間注釈叢巻、平成一四・二～同一六・三、笠間書院）
小林一彦著『続拾遺和歌集』（和歌文学大系、平成一四・七、明治書院）
中川博夫著『新勅撰和歌集』（和歌文学大系、平成一七・六、明治書院）

【付記】
後日、奈良町文化センターの寺坂信也氏から、保實のお墓の調査の途中に発見したという、「□十三塚」と記された石碑の写真を送付された。そこには

人の身の限有ける命より／その名は[う]せしに朽ぬ石文／保實

（現代語訳＝人間の身体に具有する有限の生命よりも、その身体に付けられた姓名は長く生き長らえるが、それでもいつの間にか忘れ去られてしまう。しかし、石碑に刻み込まれた姓名は朽ち果てることなく永遠に生き続けるよ。保實）

と記されていて、皆木保實の詠歌を一首付加することができる。
お知らせ賜った寺坂氏に、厚く御礼申しあげる。

さんぶたろうこぼれ話④

その七：ナギ（奈義・那岐）の地名とさんぶたろう

巨人さんぶたろう伝説発祥の地、岡山県勝田郡《かったぐん》奈《な》義町《ぎちょう》の町名は、町北部にそびえる中国山地の霊峰那《な》岐山《ぎさん》にちなんでつけられたもので、県境をはさんだ日本海側、鳥取県八頭郡《やずぐん》智頭町《ちづちょう》にも那岐《なぎ》という地名がある。

那岐山麓には伊弉諾命《いざなぎのみこと》＝奈关《なぎ》神を祀った諾《なぎ》神社があり、「ナギ」の地名は、祭神である伊弉諾命《いざなぎのみこと》からとった名といわれている。

イザナギ・イザナミの名前の由来には諸説あり、一般にイザナギのイザは「誘う」、ナは「～の」にあたる助詞、ギは男をあらわすといわれている。（イザナミの「ミ」は女であり、つまり、神生みの契りを交わそうと誘い合う男女である。）

また、イザナギのナギは蛇をあらわす古語「ナギ」からきているとする説もあるので、あるいは、「ナギ」の地名がまずあって、後にイザナギとの関係が加えられた可能性も考えられる。

日本における蛇の語源には、いくつかの系統があると考えられている。

現在我々が用いている「ヘビ」という語の原型は「倍美《へみ》」「ハミ」「ハメ」などとされ、奈義町に近い地域の例では、兵庫県佐用《さよう》郡でマムシをクチハメ、鳥取県の一部や岡山県勝田《かった》郡でクチャメ、久米《くめ》郡あたりでクチハミ、クチャーメなどと呼ぶのはこの系統に属している。

また、民俗学者の柳田《やなぎた》國男《くにお》氏や方言学者の宮良当《みやながまさ》壮《もり》氏らによれば、前出の倍美とは別系統で、蛇形の動物を総称する「ナギ」という語からウナギ、アナゴなどが派生したとされている。（※7-1）

虹をあらわすノジ、ヌジ、ヌギ、ミョウジなどの方言もここから派生したとされ、例えば、秋田県では、青大将を「アオノジ」「アオノズ」、虹をノジ、ノズといい、琉球諸島の池間島《いけまじま》や竹富島《たけとみじま》では、サキシマアオヘビをあらわすアウナズ、オーナージイなどの語が同系統とされる。（※7-2）

「ナギ（奈義・那岐）」の地名がいつ頃用いられはじめたかはっきりしないが、確認できる限りでは、延喜元（901）年に集められた清和・陽成・光孝天皇の御代約30年を記した『日本三代実録』中、貞観5（863）年5月28日条に、

美作國從五位下天石戸門別神、奈关神、大佐々神、並授從五位上

とあり、「奈关神」が従五位上の神階を授けられた記録が残っている。

これが現在の諸神社の前身であり、那岐、奈義の語源になったといわれている。

最古の記述が「イザナギ」ではなく「ナギ」神というところに興味がわいてくる。

伝承では、さんぶたろうの母は大蛇とされ、さんぶたろう自身も、針の金気に中って死ぬなど蛇神の特徴を受け継いでいると思われるエピソードが残っているので、もしかしたら、さんぶたろうとその母が蛇に擬せられる理由と「ナギ」の地名の間には、何らかの関係があるのかもしれない。

※7-1:『定本柳田國男集19』「青大将の起源」「虹の語音變化など」
『宮良当壮全集13』「虹の語学的研究」「虹の語原説に就い

て」

※7-2：残念ながら、そのものずばり「ナギ」という呼び名では残っていないが、岡山県内の例では、同系統と思われる虹をあらわすビョージ、ビョーブという方言が見られる。

その八：那岐《なぎ》山頂にあった(?)さんぶたろう屋敷

奈義町《なぎちょう》内には、巨人さんぶたろうの屋敷跡とされる伝承地が主に二か所言い伝えられている。

ひとつは、奈義町北部にそびえる中国山地の秀峰那岐山《なぎさん》（標高1255m）の山頂付近にあったとする説、もうひとつは、那岐山南西を流れる是宗《こりむね》川上流にあったとされる美作菅家《みまさかかんけ》の山城「是宗《こりむね》城（細尾《ほそお》城）」の北西にあったとする説である。

江戸時代の地誌『東作誌《とうさくし》』では、勝北郡西豊田庄《しょうぼくぐんにしとよたのしょう》高円村《こうえんむら》の項に、

三穂太郎屋敷跡
諾《なぎ》山絶頂にあり　東西二十軒南北拾五間西北東に土居の跡あり　西の方に二十三間の馬場あり　巽方に井あり　南の方に厠と云ふものあり　踏石兩方長さ八間横六間の黒岩あり

※諾山＝那岐山（ルビ追補）

などとあり、那岐山頂説を採る。

また、同じく是宗村の項に、

是宗《こりむね》川
河上　諾山三穂太郎屋敷池　川下　宮内村
諾《なぎ》山
此邑中に罹れり三穂太郎の屋敷跡は此邑の内な

りと云ふ（ルビ追補）

とある他、皆木保實《みなぎやすざね》（明和4［1767］年〜嘉永4［1851］年）が、文化年間から天保年間にかけて執筆した当地の地誌であり百科事典といえる『白玉拾《しらたましゅう》』（※8-1）によれば、

三穂太郎屋敷は、人形岩より戌亥（西北）の方に見え、絶頂近き所なり。東西二十間、南北十五間、西、北、東に堀有り。西の方二十三間、馬乗り馬場有り、辰巳（東南）の方に井戸有り。南の方に雪隠踏み岩、両方長さ八間、横六間の黒石なり。（ルビ追補）

とあり、こちらは是宗《こりむね》（細尾《ほそお》）城付近説を採っている。

上記の伝承地とさんぶたろうの関連性について、これまで正式な調査は行われてこなかったが、平成27年度に、岡山県が那岐山《なぎさん》一帯の山城の遺構調査を行った際、是宗《こりむね》（細尾《ほそお》）城の北西に新たな山城跡が発見されたことを受けて、平成28年5月に、民話さんぶたろう研究実行委員会が現地調査を行った。

那岐《なぎ》山頂から滝山《たきやま》方面に800メートルほど西進し、さらに南へ150メートルほど尾根伝いに南下した先に、中世の山城跡と考えられる人工的に整地された一帯があり、樹木が生い茂り判別しにくくなっているものの、石垣と考えられる構造物や、尾根に沿って三日月状の郭《くるわ》と考えられる土地が段々に続いていることが確認できた。

研究実行委員会では、是宗《こりむね》（細尾《ほそお》）城との位置関係などから、この新しい山城跡について、元は中世に見張りのため造成されたものが、後世に三穂太郎《さんぶたろう》屋敷として言い伝えられるようになったと考えてお

り、60箇所以上のさんぶたろう関連史跡・伝承地をフィールドワークした中でも、最大級の発見につながるものと考えている。

※8-1：奈義町文化財保護委員会編集『白玉拾《しらたましゅう》』奈義町 奈義町教育委員会,2006,751p.
該当ページは、p.260-261.
なお、古典和歌の研究者で京都光華女子大学名誉教授の三《み》村晃功《むらてるのり》氏は、本書に寄せられた論考『「三穂太郎」の形成―古典和歌の関係する恋愛譚をめぐって―』の中で、『三《さん》穂《ぶ》太郎記《たろうき》』（さんぶたろうの両親の出会いとたろうの生涯を記した物語。江戸時代に成立したとされる。）の著者が、『白玉拾《しらたましゅう》』の著者皆木保實である可能性について指摘されている。

第五章

「さんぶ太郎」の家系

――『東作誌』記事との比較を中心に――

高森　望

キジ

はじめに

「さんぶ太郎」（注1）は人間の男と大蛇の女から生まれた巨人である。

　男と女が出会い、結婚をし、さんぶ太郎が生まれる。ある日女が大蛇であることが分かり、女は男とさんぶ太郎の前から去る。その後さんぶ太郎は京まで三歩で行けるほど成長したが、恋敵または恋人により殺される。

　その物語は美作地方で伝承されており（注2）、現在では多くの本に収録されている。

　この「さんぶ太郎」譚のテクストの中に、主人公のさんぶ太郎が美作地方に土着した菅家の子孫で、中世に美作地方で活躍した菅原三穂太郎満佐という実在の人物であることが記されているものがある。その大半はさんぶ太郎の父親が菅家の末裔であることを簡潔に記しているだけであるが、いくつかのテクストではさんぶ太郎の父親に至るまでの流れや、さんぶ太郎以後活躍した子孫について詳しく記している。

　次ページに「さんぶ太郎」譚のテクスト一覧を掲げ、さんぶ太郎の家系について全く記さないものには「×」、詳細ではないが、さんぶ太郎が菅家の末裔であることやさんぶ太郎の子どもが菅家七流と呼ばれていることを記すものには「△」、さんぶ太郎の家系について詳しく記すものには「○」をそれぞれ右端の欄に記している。

　本稿では、この「○」を付した、さんぶ太郎の家系を詳しく記すテクストを取り上げ、その歴史性を検証しておきたい。その作業は、曖昧模糊とした「さんぶ太郎」譚の成立に関して、明確ではないながらも、一つの輪郭線を引くことを可能にするであろう。

一．「さんぶ太郎」譚テクストにおける家系

　家系に関する記述を含む「さんぶ太郎」譚のテクス

〈文語テクスト〉

題	収録書	備考	
「三穂太郎母の事」、「三穂太郎満佐の事」	菅原保実著『美作太平記』	文化文政年間成立	○ ※1
「三穂太郎記」	岡山県立勝間田農林高等学校社会部写『美作国三穂太郎記』　昭和五十一年	底本は明治三十一年に勝北郡植月村の末田松太郎氏が写したもの。	○
「蛇淵の伝説」（第一部第九節）	『奈義町教育委員会資料七　さんぶ太郎考』奈義町教育委員会　昭和六十年	末尾に「昭和四十三年四月。西山薫氏書写したものを写取」とある。	△
「三穂太郎記」（第一部第十節）	同上	末尾に「一九六九．三。宮内　吉元萩子氏蔵の本より転書」とある。	○
「三穂太郎記」（第二部）	同上	末尾に「（原本は西原あたりにあり）とある。	○

〈口語テクスト〉

「三穂太郎」	周藤二郎『合同年鑑別冊　郷土の伝説と名物』合同新聞社　昭和十二年	岡山県下の伝説の募集に対して、勝田郡南和気村中村卓市氏が応募したもの。	×
「悲恋「蛇淵」の伝説　蛇が産んだ奈義の巨人三穂太郎」	鷲田基（『岡山春秋』新秋号　通巻第13号　第二巻第八号　岡山春秋社　昭和二十七年九月所収）	鷲田氏は勝田郡豊並村（現奈義町）の人。大正の頃に国政輝郎氏が新聞紙上に紹介したものの大部分を引用。	△
「三穂太郎の伝説」	岡山民俗学会（代表者　吉岡三平）編『岡山県落合高等学校歴史研究クラブ共同調査報告　那岐山麓の民俗』　岡山民俗学会　昭和三十二年	昭和三十一年採話。話者は小坂筑太郎（奈義町）。	○
「三穂太郎」	稲田浩二編『日本の民話３６　岡山の民話』未来社　昭和三十九年三月	昭和三十年代採話。（話者は奈義町の安藤義郎・高村継夫）	×
「さんぼ太郎」	岡山民話の会（代表者　稲田浩二）編集・発行『岡山県昔話資料集　なんと昔があったげな』上巻　昭和三十九年十二月	昭和三十八年採話。（話者は奈義町の高村継夫・高井菅一・鷲田基・安藤義郎）	×
「三穂太郎」	立石憲利『岡山の伝説』日本文教出版　昭和四十四年		△
「さんぶたろうのたんじょう」	高村継夫『奈義町教育委員会資料集５　なぎちょうのでんせつ』奈義町教育委員会　昭和四十六年	高村氏は奈義町の人。	△
「さんぶたろうのし」	同上	「さんぶたろうのたんじょう」の続き。	× ※2

「三穂太郎」	勝田町誌編纂委員会（委員長　横山栄）編『勝田町誌』　勝田町教育委員会　昭和五十年		△
「三穂太郎」	土井卓治編『吉備の伝説』第一法規出版　昭和五十一年		△
「巨人・三穂太郎」	太田忠久・水藤春夫『日本の伝説　２９岡山の伝説』角川書店　昭和五十三年四月		△
「三穂太郎」	同上		×
「五色の玉」	日本児童文学者協会編『（県別ふるさとの民話３）岡山県の民話』偕成社　昭和五十三年八月	数十年前に那岐山中腹の寺の人から聞いた話だと記されている。	×
「三穂太郎」	佐藤米司『岡山文庫８８　岡山の怪談』日本文教出版　昭和五十四年		△
「サンブ太郎」	立石憲利採録編集『ほととぎすと兄弟―岡山県勝田郡勝田町の昔話―』　昭和五十六年一月	昭和四十四から四十五年に採録。話者は勝田町（現美作市）の長畑勝美。	×
「三穂太郎　一」	同上	昭和四十四から四十五年に採録。話者は勝田町（現美作市）の鎌周作。	×
「三穂太郎」	定森喜六編『柿の民俗』　広陽本社　昭和五十六年四月		△
「三穂太郎」	宮本祐助『郷土の伝説』川崎製鉄株式会社水島製鉄所編集兼発行　昭和五十六年十月	昭和五十五年四月の社内報に掲載されたもの。英田郡作東町、勝田郡奈義町関本に伝わる伝説とされる。	△
「三穂太郎」	『奈義・幡多の昔話』岡山市立幡多小学校PTA 読書クラブ・就実女子大学民話研究会発行　昭和五十七年	昭和五十六年採話。（話者は奈義町の高村継夫・森安護・畝原三好）	△
「三穂太郎」	勝央町誌発刊委員会編『勝央町誌』　勝央町　昭和五十九年		×
「「さんぶたろう」誕生の民間説話」	『奈義町教育委員会資料七　さんぶ太郎考』奈義町教育委員会　昭和六十年		△
「「さんぶたろう」の死についての民間説話」	同上	「「さんぶたろう」誕生の民間説話」の続き。	× ※2
『さんぶたろう』	奈義の民話同好会編　昭和六十三年		×

※1　渡辺頼母編『吉備文庫』第一輯（山陽新報社　昭和四年　山陽新聞社　昭和五十五年復刻）参照。

※2　「さんぶたろうのし」、「「さんぶたろう」の死についての民間説話」はそれぞれ「さんぶたろうのたんじょう」、「「さんぶたろう」誕生の民間説話」の続きから記されているテクストと言え、それぞれを一つのテクストと見做せば、「さんぶ太郎」の家系について全く記していないわけではないということになる。

トには岡山県立勝間田農林高等学校社会部写『美作国三穂太郎記』（ガリ版刷り　昭和五十一年、注3）、奈義町教育委員会資料七『さんぶ太郎考』（奈義町教育委員会　昭和六十年、注4）第一部第十節「三穂太郎記」（以下『さんぶ太郎考』第一部第十節と記す）、第二部「三穂太郎記」（以下『さんぶ太郎考』第二部と記す）、岡山民俗学会編（代表者　吉岡三平）『岡山県落合高等学校歴史研究クラブ共同調査報告　那岐山麓の民俗』（岡山民俗学会　昭和三十二年）（以下『那岐山麓の民俗』と記す）の四種類がある。『美作太平記』（菅原保実著　文化文政年間成立）においても「さんぶ太郎」の家系が記されるが、本書は他のテクストとは異なり、「さんぶ太郎」譚のみを記す単行テクストではなく、また軍記物という性質を持つため、節を改めて示すことにする。『美作国三穂太郎記』と『さんぶ太郎考』第一部第十節の両テクストは互いに語句の違いがあるだけでほとんど同じ文章である。また、『那岐山麓の民俗』は『さんぶ太郎考』第二部を口語化し省除したようなテクストで、「さんぶ太郎」の家系においても父より前のことは書かれておらず、文字の違いも見られるが同系統のものと考えられる。そこで、『美作国三穂太郎記』と『さんぶ太郎考』第二部に記される系譜を系図化して掲げ、『さんぶ太郎考』第一部第十節と『那岐山麓の民俗』については、それぞれ掲げた系譜と異なる場合はその箇所に傍線を付し違いを記すこととする。

次ページに示した『美作国三穂太郎記』と『さんぶ太郎考』第二部の系図を比較すると、最も大きな違いは、『美作国三穂太郎記』では、菅家七流からさらに時代を下り、菅家七流それぞれの子孫が正慶二（一三三三）年に後醍醐天皇に与し、京都四条猪熊で鎌倉幕府の軍勢と戦ったことが記されていること、一方、『さんぶ太郎考』第二部では、天照大神、天穂日命と神代まで遡っていることである。

さらに二つの系図について順を追って見ていくと、美作国に下った人物は、『美作国三穂太郎記』では菅原秀滋であるが、『さんぶ太郎考』第二部では名前が記され

◇『美作国三穂太郎記』（傍注は『さんぶ太郎考』第一部第十節）

菅原秀滋卿（秀治郎）（前伊豆守。近衛院の勅勘を蒙り此国に下り保師と名乗られける。）

- ○
- 二男治郎長治（長次）（兄弟三人武勇を顕し、勝田郡五ヶの庄を押領しけり。）
- ○

久常—実兼—近藤武者是宗（記述なし）（菅四郎仲頼）—三穂太郎光佐

- 有元太郎佐高
- 福元（光）（なし）彦治郎佐長（彦治部）
- 原田彦三郎佐秀
- 広戸主馬之助近長
- 弓削蔵人頼光
- 垪和六郎定宗
- 菅田七郎年信

（菅家七流）

（後略）

美作菅家一族が正慶二（一三三三）年に後醍醐天皇に与し、京都四条猪熊で鎌倉幕府の軍勢と戦ったことも記すが、総勢二十数名の多人数になるため、ここではその名前は省略した。

◇『さんぶ太郎考』第二部（傍注は『那岐山麓の民俗』。ただし、実兼以降のみ）

天照大神—天穂日命—……—菅亟相道実公—……

○（故有りて此国に下らせ賜う。）—……

菅原実兼（記述なし）（兄弟三人勝田郡五ヶの庄を押領有ける。）

三穂太郎満佐

- 有元太郎佐高
- 福元彦次郎佐長（福本彦太郎）
- 原田彦三郎佐秀（佐房）
- 江見主馬之助資行（四馬）
- 垪和五郎資行（義人虫光）
- 弓削蔵人忠吉
- 鷹取七郎種佐

（菅家七流）

（「……」は名前は記されていないがその間に何代か入ることを示す。）

ていない。美作に下った人物の子どもが兄弟三人で勝田郡五ヶの庄を支配したということは両テクストで一致しているが、長治（『美作国三穂太郎記』）、実兼（『さんぶ太郎考』第二部）と名前は異なっている。『さんぶ太郎考』第二部ではこの実兼がさんぶ太郎の父親となっているが、『美作国三穂太郎記』では、長治とさんぶ太郎の間に三代隔たりがあり、さんぶ太郎の父親は近藤武者是宗である。そして、『さんぶ太郎考』においては父親であった実兼は、『美作国三穂太郎記』ではさんぶ太郎の祖父となっている。また、さんぶ太郎の子どもである菅家七流については、四男以降の順番や苗字・名前が異なる。『さんぶ太郎考』第二部の四男、五男はどちらも「資行」と同じ名前になっており、書写の際の誤りもありそうである。

改めて、この二つのテクストの特徴を考えてみると、『美作国三穂太郎記』では前述のように菅家七流よりさらに時代を下った子孫の事が記されている。そして、美作の国に下ってきた人物からさんぶ太郎までの間に四代の隔たりがあり『さんぶ太郎考』第二部より三代増えており、より古い時代から美作菅家が美作国に権勢を振るっていたことになる。『美作国三穂太郎記』は「この物語は正慶二年四月、（中略）はなばなしく討死した元弘の忠臣、美作菅家一族の祖先にまつわる恋の悲劇」と始まり、さんぶ太郎の一生が記され、また正慶二年のことが詳しく記され、「戦功の人々の兄弟子孫に至るまで、皆それぞれに恩賞を蒙りけり。」と閉じられる。このことからも『美作国三穂太郎記』は正慶二年に京都四条猪熊で戦った美作菅家一族を称え、その先祖は古くから勢力を持っていた由緒正しい一族であることを示したテクストだと言えよう。

一方、『さんぶ太郎考』第二部は道実よりさらに天照大神、天穂日命と神代まで遡っており、由緒正しい家であることを強調しているかのように思えるのだが、美作国に来た人物は明示されていない。このことが返って作り話めいたもののように感じさせる。ただし、『さんぶ太郎考』第二部は『美作国三穂太郎記』に比べて、美作の国に下った人物からさんぶ太郎までの間がシンプルである。また、『美作国三穂太郎記』に記される京都四条猪熊での戦いがたとえ記されなくても、十分に「さんぶ太郎」譚は完結しており、この京都四条猪熊での戦いは付随的なものだと考えられる。このことから『さんぶ太郎考』第二部は『美作国三穂太郎記』より原型に近いテクストである可能性を持つものである。

二.『美作太平記』における家系

「さんぶ太郎」譚として独立して残るテクスト以外で、「さんぶ太郎」譚を含み、その家系を記述するテクストが『美作太平記』「菅家の事」、「三穂太郎母の事」、「三穂太郎満佐の事」である。

『美作太平記』(写本十一巻追加一巻五冊　菅原保実著　文化文政年間成立　岡山県立図書館所蔵)は、「室町・戦国期から森氏が津山へ入るころまでの、美作地方の諸氏の動向を赤松・浦上・尼子・山名・毛利・宇喜多氏らの美作における活動とともに記」す(「岡山県立図書館　電子図書館システム　デジタル岡山大百科」、「美作太平記」の項　URL:http://www.libnet.pref.okayama.jp/mmhp/)。その巻一に「菅家の事」、「三穂太郎母の事」、「三穂太郎満佐の事」の三節に分けて、「さんぶ太郎」譚の内容を納める。前節と同様、「菅家の事」、「三穂太郎母の事」、「三穂太郎満佐の事」の記述から家系図を抽出すれば、次ページのようになる(注5)。

『美作太平記』では『さんぶ太郎考』第二部と同様に神代から記されているが、美作国にやって来た人物は秀滋で『美作国三穂太郎記』と一致する。しかしここでは、秀滋が満佐の父親とされている。『美作太平記』「菅家の事」では「秀滋仲頼保師とも」と記されており、同書「三穂太郎母の事」ではさんぶ太郎の父親は一貫して仲頼の名で登場している。

『美作国三穂太郎記』ではさんぶ太郎の父親である近藤武者是宗の別名が菅四郎仲頼であるとされていたが、

◇『美作太平記』

天穂日命――……――菅丞相道実公――……

十二代
秀滋卿（前伊豆守。仲頼保師とも。美作国勝田郡北の庄に配流せらる。廟保師大明神是也。当国菅家の祖たり。）

- 太郎保綱（右大将頼朝公へ召出され本地近江国にて一万町賜る。然れ共競者の為に没除せらる。三河守。公資トモイフ。豊田・皆木・菅・廣戸・森安・野々上・小坂・戸国・留坂・梶並・右手等の祖也。）
- 二男公継（保義と云。植月・大町・松岡・須江等の祖也。）
- 三男満佐（三穂太郎。有元・福本・江見・弓削・原田・垪和・菅田等の祖也。）
  - 有元筑後守忠勝
  - 福本伊賀守周長
  - 原田日向守忠門
  - 弓削佐渡守忠文
  - 江見丹後守資豊
  - 垪和越前守資長
  - 菅田志摩守佐李

すなわち両テクストは、さんぶ太郎の父親が仲頼という名前を持つという点で共通しているのである。しかし、秀滋は『美作国三穂太郎記』では三穂太郎から遥か五代遡った人物であった。

『美作太平記』で秀滋の子どもは兄弟三人で勝田郡五ヶの庄を支配しており、このことは『美作国三穂太郎記』でも同様であった。『美作太平記』では、この兄弟三人の一人に早くも三穂太郎が含まれている。この『美作太平記』は兄弟三人から多くの氏族に分かれていったことが詳しく記されているのが特徴である。また、『さんぶ太郎考』第二部に比べ、美作の国に下った人物からさんぶ太郎までの間がさらに一代少なくなり、簡潔なものとなっている。『美作太平記』はその成立年代だけでなく、内容的にも、現存する「さんぶ太郎」譚単行テクストよりもさらに古い内容を持つテクストである可能性がある。

今日知られる「さんぶ太郎」譚の単行テクストの底本成立年次は、江戸時代に遡り得ない。しかし、『美作太平記』はまず間違いなく江戸時代成立のものである。その三者にこのような違いがあるという事実は興味深い。少なくともさんぶ太郎の家系は、流動的な状態にあった。そして、『美作太平記』が軍記物である点も興味深い。今日、伝説として位置付けられている「さんぶ太郎」譚は、このように実際の歴史的時間の上に位置付けられようとしていたのである。共通要素は菅家、勢力を振るった三人の兄弟の存在、美作菅家七流への接続である。それ以外の要素は流動的であった。

三、『東作誌』における家系

これまでに見た物語テクストとは性質の異なる資料にもさんぶ太郎の家系は記されている。江戸時代後期の地誌として知られる『東作誌』がそれである（注6）。『東作誌』は津山藩士正木輝雄氏が美作東六郡の地誌を記したもので成立は文化十二年である。津山藩主の命により編纂され、元禄四年に成立した『作陽誌』は西六郡の記述に留まり、東六郡の地誌が存在しなかった。そのことを歎いた正木氏が独力で東六部を周遊し編纂追捕したと言う（矢吹金一郎校訂『新訂作陽誌』（全八巻　作陽古書刊行会編　作陽新報社　大正一～三年　昭和五十年復刻）「新訂作陽誌解説并例言」）。『作陽誌』が県村部、山川部と分かれていたのに対し、『東作誌』では村ごとに税具、戸数、人数、神社、寺院などを記している（藤巻正之著『美作誌』（石原書店　明治四十五年　作陽新報真庭本社　昭和四十八年復刻）「東作誌解題」）。

『東作誌』は「勝北郡植月郷」「植月中村之記」「植月氏略系」の項に植月氏、「勝北郡大吉庄」「広戸村市場分之記」「広戸氏」の項に広戸氏、「勝北郡東豊田庄」「高円村之記」「里長」の項に有元氏、「勝北郡梶並庄」「西谷皆木村之記」「皆木氏略系」の項に皆木氏に関する記述があって、植月氏・広戸氏・有元氏・皆木氏は菅原道真の子孫だとされている。

これら四氏についてもそれぞれの系譜を見ていきた

い。

『東作誌』における四氏の系図を比較してみると、皆木氏と広戸氏の系図が似通っており、残りの植月氏と有元氏の系図はそれぞれ大きく異なる。

まず、皆木氏と広戸氏の系図のみを見てみると、道真の子が皆木氏の系図で「高視」と記しているのに対し、広戸氏の系図では名前が明記されない。また、広戸氏の系図は皆木氏の系図において記されない「天穂日命」が見え、神代まで遡っている。広戸氏の系図は三人兄弟の記述の後、享禄元（一五二八）年まで時代が下っているためその間のことは不明である。しかし、三人兄弟以前のことにおいて前述の二点以外の違いは両系図に見えず、名前の漢字表記も共通している。広戸氏の系図は皆木氏の系図を簡略化したような形になっている。また、広戸氏の系図には、「広戸弾正広家或弘家妻は皆木右衛門大夫女」とあり、広戸氏が皆木氏と婚姻関係を結んでいることがわかる。これらのことから、広戸氏の系図は皆木氏の系図を受け継いでいる

◇植月氏（「勝北郡植月郷」「植月中村之記」「植月氏略系」）

菅原道公（菅丞相道真公男。延喜元年辛酉、美作国下向、無帰京而卒作州。菅家之祖。菅公之子男女凡二十四人。）

泰俊—真俊—好直—矩直—直賢—好堅—泰好—行泰

仲賢（民部少輔従五位下。七十三代堀川院康和二年仕朝。）—泰政（勘解由判官従五位下）

高堅（七十九代六條院仁安元年丁亥、叙従四位下任右兵衛督。博学興家業。）

公興（民部少輔従五位下。八十二代後鳥羽院建久九年戊午、領知作州勝田郡。続父学才。）

満佐（三宝太郎叙従五位下。美作国勝田郡是宗城主。子孫昌而植月江見有元廣戸小坂以下菅家之一族云同姓。）

義之—宗嗣（隠岐守）—常嗣（隠岐太郎）—義盆（太郎兵衛）

直好（植月四郎。住植月郷。）—好重（植月源内）—良泰（植月彌太郎。住植月村構城。）

安嗣（彦九郎。住構城。）

重佐（植月彦五郎。美作国勝田郡植月村構之城主。元弘元年辛未、四條猪熊而討死。長武芸、能射。旗一本伝来有之。）

（後略）

◇有元氏（「勝北郡東豊田庄」「高円村之記」「里長」の項）

天ノ穂日命……菅相丞道真公―高視―緝煕―雅親―資忠

良正―薫宜―持賢―長頼

知頼（作州へ配流。美作守と称す。嘉保年中作州勝田郡に卒す。是美作菅家之元祖。）

実兼（美作押領使。保安元年庚子、於久常村卒。）―尚忠（民部介。改長宗。）

仲頼（菅四郎。高円村大見丈城主。）

公資（実筑後守藤原頼資子。母二階堂維行女。）

公継（頼資二男。公資弟。）

満佐（仲頼長子。改兼真号三穂太郎。名木山城主。妻者豊田右馬頭女。有子七人。菅家七流之祖也。満佐其性質太ダ傀偉而伝学外祖藤原千方之飛仙之術、常登于名木山。修法事妖怪飛行。或云播州中山村佐用姫明神通。妻妬而殺満佐。于時天福二年甲午九月十五日、満佐五十二歳也。満佐屍解飛去為仙不知其終。于今祀其霊為豊田庄氏神矣関本村。亦有三穂大明神の宮祠。則祭日九月十五日也。）

忠勝（筑後守。号有元。名木山城主。弘安十丁亥年二月卒六十歳。）

佐友（廣戸豊前守。廣戸村矢櫃城主。）

周長（福光伊賀守）

公興（植月豊後守。植月庄宮山城主。）

忠門（原田日向守。原田郷稲荷山城主。）

佐利（鷹取長門守。領鷹取庄。）

資豊（江見丹後守。領江見庄。）

資頼（刑部大輔）―佐高（筑前守。『太平記』ニ六郎。後中島城主。）

佐弘（有元菅四郎。中島城主後河内山城主。元弘三癸酉年四月三日於京都猪熊合戦討死。）

佐光（有元五郎。与兄倶討死。）

佐吉（有元又三郎。同上。）

（後略）

藤巻正之著『美作誌』（石原書店　明治四十五年　作陽新報真庭本社　昭和四十八年復刻）では、尚忠（さんぶ太郎の祖父）の記述を「民部介　改是宗」とする。

◇皆木氏（「勝北郡梶並庄」「西谷皆木村之記」「皆木氏略系」）

菅原道真公（右大臣。勅謚天満大自在天神。）—高視（右大弁。居江州皆吉皆木皆川祖。）

高長（正三位式部卿）—……

十八代
秀滋（従四位上前伊豆守　江州大守　近衛院蒙勅勘並于作州後改保師。保元平治の頃美作へ左遷、是美作菅家之元祖なり。北の方は大納言祐方卿の女乾の御前と云ふ。其後秀滋を慕ひ下りし菖蒲の前と云ふ婦人を、乾の御前嫉妬にて攻殺したるを、子孫式部少輔遠保万僧供養し、一切経を埋めし処、今隣村西原村に在て経尾と字す。又其霊神を祭りて一つ社の二つ神と言ふ。秀滋後保師と改む。其霊を祀て保師大明神と云ふ。長保の森の中にあり。）

保綱　太郎（渋谷土佐か推挙を以て頼朝へ被召出於江州一万石の処を領す。後没収せられ作州豊田庄を切取、加賀尾城主となり、豊田太郎と号。）

長治　次郎

保義　三郎（以上兄弟三人作州勝田郡五个庄を切取。作州の菅家是より分ると云ふ。）

是政（皆木左京進。西原村加賀尾の城主たり。後醍醐帝より青狩衣の二重亀甲の紋並に御製を給ふ。北條越後守仲時に属し、於江州馬場宿忠死す。）

道政（次郎左衛門入道。兄と倶に打死す。）

（後略）

これ以降、保綱の子孫の記述が続くが、さんぶ太郎の名は見えない。

◇広戸氏（「勝北郡大吉庄」「広戸村市場分之記」「広戸氏」の項）

天穂日命—……—道実—○—高長（正三位式部卿）—……

十八代
秀滋（前伊豆守従四位上。近江国太守也。近衛院依勅命、保元平治の頃作州へ配流。北方は亜相祐長卿の長女なり。）

保綱　太郎

長治　次郎

保義　三郎（此兄弟の人々勝田郡五个庄を切取。）……

廣家（或弘家。廣戸弾正。妻は皆木右衛門大夫女。享禄元年戊子、男子出生す。領知の民与四左衛門と云ふもの、子十二人男子八人女子四人有て、繁盛の由聞ゆるに付、則城中へ呼ひ幼児の名を付、新三郎弘吉或廣義と呼ふと云々。）

のであろう（注7）。

四氏の系図について順を追って見ていくと、道真の子は有元氏と皆木氏は共通して「高視」を記しており、植月氏のみ「泰俊」である。美作国に来た人物は皆木氏と広戸氏は十八代の「秀滋」が、植月氏は十二代の「公興」が、そして有元氏は九代の「知頼」が記されており、名前も世代も不同である。さんぶ太郎の父親は植月氏では美作に来た人物でもあった十二代の「公興」が、有元氏では十二代の「仲頼」が記され、名前は異なるが世代は共通している。皆木氏・広戸氏にはさんぶ太郎の名前が見えない。四条猪熊で戦った世代は植月氏ではさんぶ太郎から九代後、有元氏では四代後となっている。

有元氏の系図は道真から美作に来た人物まで、さんぶ太郎から四条猪熊で戦った子孫までの間の世代数が比較的少ない系図である。それに対して植月氏は道真から美作に来た人物までも、さんぶ太郎から四条猪熊で戦った子孫までの間の世代数も比較的多い。三穂太郎の父である公興のところに記される建久九（一一九九）年から一世代二十年として概算してみると、四条猪熊で戦った重佐の時は十代目であるから、一四〇〇年頃となり討死をした元弘元（一三三一）年とは大きく隔たっている。このことから、植月氏の系図は後から世代数を増加した可能性があろう。

同書に記される系図においても大きく違いが見え、この『東作誌』が成立した文化年間には既に諸説があったと考えられる。

黒板勝美・国史大系編修会編『新訂増補　国史大系』第六十巻下　尊卑分脈　第四編（吉川弘文館　昭和三十三年、注8）における記述も見てみたい。「菅原氏」の系図を簡略化して示すと次のようになる。

菅家―高視―雅視―董宣―持賢―長頼

知頼（修理進。内匠允。従五下。有子孫、略之。子孫住美作国。）

この系図では知頼までしか記されておらず、子孫は省略されているのだが、「子孫住美作国」とあり、菅家の子孫が美作国に来たことは確かなようで、しかも有元氏の系図と共通するところが多い。

四．「さんぶ太郎」譚テクストと『東作誌』

これまでに挙げた「さんぶ太郎」の家系図を一覧にして次ページの表に示した。それぞれの家系図を道真と満佐の世代で合わせたため、道真から満佐までの世代数が見かけと異なる家系図もある。『東作誌』皆木氏系図と同書広戸氏系図は満佐の記述がないが、皆木氏・広戸氏における保綱・長治・保義三兄弟と『美作太平記』における保綱・保義（公継）・満佐三兄弟のうち二人の名前が共通しており、両系図とも三兄弟の父親が秀滋となっているので、ひとまず、保綱・長治・保義三兄弟を保綱・保義（公継）・満佐三兄弟と同じ世代に置くことにした。道真からの世代数が判明する家系図については、満佐の父親のところに世代数を○で囲み記している。神代まで遡っている家系図については、道真のところに「＊」を付した。また、それぞれのテクストで美作国に来た人物には傍線を、兄弟三人で勢力を振るった世代には波線を付した。

既に指摘をしたが、『東作誌』皆木氏・広戸氏における保綱・長治・保義三兄弟と『美作太平記』における保綱・保義（公継）・満佐三兄弟のうち二人の名前が共通で、三兄弟の父親が秀滋となっており、これらの家系図は近似している。『美作太平記』の著者菅原保実は同じくその主著である『白玉拾』を翻刻した書、浅野克己翻刻・編集『白玉拾』（奈義町教育委員会　平成十八年）「皆木保實と白玉拾」の記述によると、

津山藩主正木輝雄が、当時の作州東六郡の地誌を編集した「東作誌」を執筆したのが文化九年（一八一二）から文政元年（一八一八）の六年間で、五十回に亘り現地確認をしている。保實と正木輝雄は歌道の面で親交があり、豊田庄及び梶並庄については保實が道案内をしている。津山松平藩「国元日記」には輝雄が保實の宅を訪ねたことが記録

美作国三穂太郎記	さんぶ太郎考第二部	美作太平記	東作誌植月氏	東作誌有元氏	東作誌皆木氏	東作誌広戸氏	尊卑分脈
	道真 *	道真 *	道真	道真 *	道真	道真 *	道真
	⋮	⋮	泰俊	高視	高視	○	高視
			真俊	緝熙	高長	高長	雅視
			好直	雅親	⋮	⋮	菫宣
			矩直	資忠			持賢
			直堅	良正			長頼
			好堅	薫宜			知頼
			泰好	持賢			
秀滋保師			行泰	長頼			
長治	⋮		仲賢	知頼			
久常	十余代○		泰政	実兼			
実兼	⋮	⋮	高堅	尚忠 長宗/是宗	⋮	⋮	
是宗仲頼	実兼	⑫秀滋 仲頼保師	⑫公興	⑫仲頼	⑱秀滋 保師	⑱秀滋	
満佐	満佐	保綱公資 公継保義 満佐	満佐	公資 公継 満佐	保綱 長治 保義	保綱 長治 保義	
有元佐高 福元/光佐長 原田佐秀 広戸近長 弓削頼光 埘和定宗 菅田年信	有元佐高 福元佐長 原田佐秀 江見資行 埘和資行 弓削忠吉 鷹取種佐	有元忠勝 福元周長 原田忠門 弓削忠文 江見資豊 埘和資長 菅田佐李	義之	有元忠勝 広戸佐友 福光周長 植月公興 原田忠門 鷹取佐利 江見資豊			
			宗嗣	資頼			
			常嗣	佐高			
			義盆	佐弘			
			直好				
			好重				
			良泰				
			安嗣				
			重佐				

されており、白玉拾にも同様の記述がある。

保實の執筆とされる「美作太平記」は（中略）上町川村の「御所宮由来」、西原村の「安祥寺縁起」など東作誌と重複した記述がみられ、正木輝雄が収集した東作州の記録類を整理して構想を練り、執筆したものであろう。

とあり、菅原保実は皆木保實だとされ、また『美作太平記』を口語訳した三好基之編『新釈　美作太平記』（山陽新聞社　昭和六十一年）の「解説」によると、

本文の巻之一「菅家の事」で、美作菅家の祖を、菅原道真十二代の後胤、菅原秀滋（のちの保師）としているが、美作菅家の祖については幾多の異なった伝承のあるなかで、保師を祖とするのは皆木氏の伝承である。（中略）このことは、『美作太平記』の著者が皆木氏の末孫であることを証明する一端であるといえよう。

とある。実際『東作誌』において「保師」の名が記されているのは皆木氏のみで、広戸氏も「秀滋」としか記されない。保實が皆木氏の住まう梶並庄を案内しているのならば正木輝雄に皆木氏の系図を提供しているであろうし、『美作太平記』を執筆する際にも同じ系図を参考にしたであろう。

しかし、『美作太平記』の系図は皆木氏の系図と完全に一致しているわけではない。『美作太平記』の系図は有元氏の系図とも共通している点がある。有元氏の系図は他の系図に比べ最も尊卑分脈の系図に近いものである。文字の違いや世代の異なりがあるが、尊卑分脈に記される名前は全て有元氏の系図にも見える。このような有元氏の系図と『美作太平記』の系図とは公資・公継・満佐三兄弟の名前、三兄弟の父親が仲頼という名前で共通しており、菅家七流についても有元・原田・江見の姓名が共通しており、福光（有元氏）と福元（『美作国太平記』）と一文字異なっているが、同人物だと考えられる。皆木氏の家系図と同様に、有元氏の住まう豊田庄も保實が案内をしているので有元氏の家系図も見た可能性があるだろう。

系図の一覧を見ても一見分かりにくいが、有元氏や皆木氏・広戸氏の系図は『美作国三穂太郎記』の系図とも共通点が見られる。まず、有元氏は世代や異名に違いがあるものの、実兼・是宗・仲頼の名が両系図に見られる。そして、菅家七流は名前が異なるが、有元・広戸・福光・原田の四氏が共通している。次に皆木氏・広戸氏の系図は三兄弟の内長治が含まれており、三兄弟の父親が秀滋であることが共通している。前掲の『新釈　美作太平記』の「保師を祖とするのは皆木氏の伝承」という説に従うならば、そして保師のみではなく別名の秀滋を祖とするのも皆木氏だけの伝承であるとするならば、この『美作国三穂太郎記』も皆木氏に関係する人物が記したテクストだと考えうる。

ただし、『美作国三穂太郎記』に皆木氏との間にはない、有元氏の系図との共通点もあることから、記した人物は有元氏とも何らかの関わりを持っていたか、有元氏の系図も参照したかという可能性も考えなければならないであろう。

「さんぶ太郎」譚テクストと植月氏の系図には共通点は見られない。植月氏の系図が有元氏や皆木氏など他の家系図と大きく異なるため、参考にしなかったのか、植月氏が独自の家系図を作り出したのか、理由は不明だが影響関係はないものと考えてよいだろう。

（注1）「さんぶ太郎」の他に「さんぽ太郎」という呼称も知られるが、本稿では、話の伝承者でもあり研究者でもあった高村継夫氏が「さんぶ太郎」と呼んでいたことを重く見て、「さんぶ太郎」という呼称を採る。

（注2）『奈義町教育委員会資料七　さんぶ太郎考』（奈義町教育委員会　昭和六十年）「「さんぶたろう考」を作るにあたり」に、「那岐山を中心として、作州北東部に伝えられている巨人「さんぶたろう」の伝説がある。」と記されている。

（注3）勝間田農林高等学校の文化祭で展示する為に作られた資料。内題「三穂太郎記」。巻末に参考資料として国政寛編『勝田郡誌』（『勝田郡誌』刊行会　昭和三十三年）の美作菅家の項に関する記事と、土井卓治編『吉備の伝説』（第一法規出版　昭和五十一年）による三穂太郎の話を付す。

本文は文語体によって記されるが現代仮名遣いが使用されており振り仮名・挿絵三葉（内一葉は「朔山」画）及び傍注を付す。また、表紙に「明治三拾壱年　写之　岡山県下勝北郡植月村　末田松太郎　生年五十二歳」とあって、転写原本が存在したこと、その書写年時及び書写者が判明する。

（注4）この本は扉の存在から考えると、「さんぶ太郎」、「三穂太郎記」（いずれも扉題）の二部から成り、それぞれ第一部、第二部と仮称する。『さんぶ太郎考』第一部第十節は末尾に「（一九六九・三。宮内　吉元萩子氏蔵の本より転書）」とあり、『さんぶ太郎考』第二部は末尾に「（原本は西原あたりにあり）」と書かれてある。

（注5）『美作太平記』は渡辺頼母編『吉備文庫』第一・二・四輯（山陽新報社　昭和四年　山陽新聞社　昭和五十五年復刻）、新編吉備叢書刊行会編『新編　吉備叢書』第一巻（歴史図書社　昭和五十一年）に翻刻されているが、いずれも底本は不明である。本稿においては、『吉備文庫』を参照した。

（注6）『東作誌』は正木輝雄・矢吹正則著『新訂作陽誌』四〜八巻（全八巻　矢吹金一郎校訂　作陽古書刊行会編　作陽新報社　大正一〜三年　昭和五十年復刻）や藤巻正之著『美作誌』（石原書店　明治四十五年　作陽新報真庭本社　昭和四十八年復刻）に収録されている。本稿では美作東部・西部を併せて見ることのできる『新訂作陽誌』を使用した。

（注7）広戸氏は前掲『美作太平記』の記述によると、秀滋の子供三人兄弟のうち長男保綱の子孫となっており、皆木氏と同一の祖を持つことになる。ただし、『美作国三穂太郎記』では菅家七流の内に広戸氏が含まれており、有元氏と同じ祖を持つことになる。

（注8）『新訂増補　国史大系』における菅家の系図は前田家所蔵脇坂氏本を底本とし、宮内庁書陵部所蔵谷森健男氏旧蔵本所収の二種の系図により補訂する（「凡例」）。

付記　元岡山県立勝間田高等学校教諭二宮皓朔氏には『美作国三穂太郎記』をコピーさせていただき、『美作太平記』の存在を教えていただきました。

また、岡山大学社会文化科学研究科教授山本秀樹先生には記述形式、記述の要目選定・必要事項に関して助言をいただきました。

末筆ながら御礼申し上げます。

なお、本稿における引用に際しては、読解の便宜を考慮して旧字体を新字体に改め、句読点を付加し、私に改変を加えた。

（初出：「岡山大学大学院社会文化科学研究科紀要」第25号
2008年3月）

さんぶたろうこぼれ話⑤

その九：原初の巨人「盤古《ばんこ》」とさんぶたろう

巨人「盤古《ばんこ》」は、古くから中国南部に住むヤオ族、ミャオ族、リー族などの南方諸民族の間で伝えられる創世神であり、紀元後には漢民族の神話にも取り入れられた。

三国時代、呉《ご》（222～280）の徐整《じょせい》が南方少数民族の神話伝説を元に編纂した『三五暦紀《さんごれきき》』には、盤古《ばんこ》に関する次のような概略のエピソードが採録されている。

天地混沌如鶏子 盤古生其中
万八千歳 天地開闢 陽清為天 陰濁適地
盤古在其中 一日九変 神于天 聖于地
天日高一丈 地日厚一丈 盤古日長一丈
如此万八千歳 天数極高 地数極深 盤古極長
後乃有三皇 数起于一 立于三 成于五 盛于七 処于九 故天去地九万里

現代語訳にすると概ね次のような内容である。

世界ははじめ殻につつまれた卵の中身のように混沌としていた。

そのうち、卵の中で何かが成長しはじめ、やがて殻を破って原初の巨人が生まれ出た。これが後の人がいう「盤古」であった。

卵の一部は天と地に分かれ、盤古は天地を支えて再びくっつかないようにした。

その後、天地が支えを必要としなくなったのを確認すると、盤古は大地に倒れ伏して死んでしまった。

　盤古が死んだ時、口から吐いた息は風と雲、声は雷鳴、左目は太陽、右目は月、手足と胴体は山、血は川、筋と血管は道、筋肉は田畑、髪の毛や髭は星、皮膚と産毛は草木、骨は金属や石、そして汗と涙は雨や梅雨になった。

また、『述異記《じゅついき》』（※9-1）には、

> 流した涙は河に、息吹は風に、叫び声は雷鳴に、眼光は稲妻になった

と記されている。

　巨人であり、天候を自在に操ること、死後その肉体が大地や河川、風などの自然物や自然現象になったことなど、さんぶたろうとよく似た特徴をもっていることがわかる。

　巨人さんぶたろうは、都まで三歩で通い、中国山地をまたいで日本海と瀬戸内海に両足が届くほどの巨体であったとされ、空を飛び、天候を操り、死後その肉は「くろぼこ」（※9-2）という肥沃な黒土に、血は川に、息吹は広戸風《ひろどかぜ》という大風を呼んだといわれている。（※9-3）

　巨人さんぶたろうの伝説を編纂した人物は、「盤《ばん》古《こ》」をはじめとする大陸の神話・伝説に通じていた可能性がある。

　神話の盤古《ばんこ》が死して世界そのものになったように、さんぶたろうは、母（＝大蛇）から那岐《なぎ》という小世界を切り拓く役割を託された「小盤古」といえる存在であったのかもしれない。

※9-1：『述異記《じゅついき》』
任昉《にんぼう》［460〜503］の撰とされる志怪小説集。実際には唐〜宋代［618〜1279］に任昉を含む同時代の書籍から集め

たもの。

※9-2：「くろぼく」ともいい、酸性値が高く（pHで4程度）、火山灰性の腐植土。土の色が黒いため、この名で呼ばれる。ダイコンやサトイモなどの栽培に適している。

※9-3：この他にも、雨後の水たまりを、さんぶたろうが雨の夜に歩き回った足跡とする言い伝えが再話されている。

（勝央町の植月尚子氏による）

こないだの雨上がりに水たまりを見よったら、幼稚園ぐれえの時に近所のおばあさんに聞いた話を思い出したんじゃ。…

〈中略〉

「水たまりゃあ、那岐山に住む大男のさんぶ太郎が、雨の夜に歩き回った足跡じゃ」と話してくれた。…

（山陽新聞2016年9月22日／方言ばあじゃ「さんぶ太郎歩きょうるかも」より抜粋）

その十：恋多き男、さんぶたろう？

言い伝えによれば、さんぶたろうは、在地の豪族の娘を正妻に迎える一方で、他の女性の元にも通ったとされている。（※10-1）

さんぶたろうの女性関係については、さまざまに伝えられているが、小菅戸《こすがど》という恋人がいた、または、豊田《とよた》氏の娘が正妻で小菅戸《こすがど》の元に通っていたとされ、この三角関係に、頼光《よりみつ（らいこう）》という恋敵が割って入る場合もある。

正妻以外の想い人について、『東作誌《とうさくし》』では播州中《なか》山村《やまむら》の「佐用姫明神《さよひめみょうじん》」としており、中山村《なかやまむら》は現在の兵庫県佐用郡佐用町《さようぐんさようちょう》にあたる。

さんぶたろうと佐用姫明神《さよひめみょうじん》との関わりは不明だが、天福2（1234）年にさんぶたろうのモデルとされる三穂太郎満佐《さんぶたろうみつすけ》が赤松久範《あかまつひさのり》（赤松円心《えんしん》の祖父）と戦って敗死したのが現在の佐用町《さようちょう》といわれているので、当時、この地に美作菅家の勢力または影響力があったことと関係があるのかもしれない。

たろうの死因についても、嫉妬した妻に殺されたとも、恋敵の頼光（※10-2）が草履に仕込んだ針の毒

【さんぶたろうを巡る恋愛相関図】

出典	さんぶたろう	妻・恋人	浮気相手	恋敵	さんぶたろうの死因
東作誌《とうさくし》	三穂太郎満佐《さんぶたろうみつすけ》	豊田《とよた》右馬頭《うまのかみの》女《むすめ》（妻）	佐用姫明神《さよひめみょうじん》（幡《ばん》[ママ]州中山《しゅうなかやま》村《むら》）	—	妻が妬んで、太郎を殺した。
蛇淵《じゃぶち》の伝説	三穂太郎満佐《さんぶたろうみつすけ》	小菅戸《こすがど》（恋人）	—	頼光《よりみつ》	頼光《よりみつ》が、太郎の草履《ぞうり》の裏に刺した毒針の毒で死んだ。
三穂太郎記《さんぶたろうき》	三穂太郎光佐《さんぶたろうみつすけ》	豊田修理之進《とよたしゅりのしん》の娘（妻）	小菅戸《こすがど》姫（西原《にしばら》村《むら》光奥《みつおき》の娘・または光真《みつまさ》の娘とも）	頼光	太郎が、小菅戸《こすがど》姫の家に忍び入った時、同じく小菅戸姫に恋心を抱いていた頼光《らいこう》が、草履《ぞうり》に仕込んだ針の金《かな》気《け》に中《あた》って死んだ。

や金気によって死んだともいわれ、どの伝承でも概ね恋愛絡みのトラブルで命を落としたことになっている。

あきらかに女難の相が感じられるエピソードだが、このような伝承が語り継がれるぐらい、さんぶたろうは、恋多き男性だったようである。

※10-1：『東作誌《とうさくし》』によれば、さんぶたろうは、播州中山村《ばんしゅうなかやまむら》の佐用姫明神《さよひめみょうじん》の元に通ったとされ、これは、「佐用都比売《さよつひめ》神社」（兵庫県佐用郡《さようぐん》佐用町《さようちょう》本位田《ほんいでん》）の祭神 狭依毘売命《さよひめのみこと》（市杵嶋姫命《いちきしまひめのみこと》。当地では「佐用姫大明神《さよひめだいみょうじん》」の名で信仰されている。）と考えられる。
当社の創建は不明だが、続日本後記に『第五十四代仁明天皇嘉祥二（８４７）年七月官社に預かる』、延喜式内神明帳に『醍醐天皇の御世延喜式内社に預かる』と記録が残っている。

※10-2：頼光＝「よりみつ」または「らいこう」。奈義町西原地区には、現在も「頼光」という字名が残っている。

あとがき

二〇一四年十月に『なぎの民話』が刊行された。五百ページを超える分厚い本になった。収載した民話は、じつに四六五話。奈義町には、こんなにも豊かに民話が伝承されていたのだ。今から三十年、五十年前に調査した人がいたから、豊かな民話資料になったのだろう。過去だけではない。今も伝承されている民話も、もっとあったに違いない。

それにしても奈義町という小さな町で、これだけの民話集が刊行できたことは驚きでもある。県内、いや全国でも、同じように資料集が出されているところは数少ないだろう。調査や刊行に携わった「なぎ昔話語りの会」のみなさんと、刊行した喜びを分かち合ったのだった。

「これだけのものが出来たのだから、これを財産にして語りを拡げていかなければ」「この本を、奈義町の活性化と町民のくらしに少しでも役立つようにしなければ」など、話が尽きなかった。

そんななかで、奈義町といえば横仙歌舞伎を思い浮かべるが、巨人伝説・さんぶ太郎もあるのではないかと。

「それだったら、思いつきだけでなく、さんぶ太郎について徹底的に調べ、資料集にまとめ、その上で町興こしに繋げていけばよいのでは」という話になったのだった。

その話が教育委員会にも通じ、二〇一五年、町教育委員会に「民話さんぶたろう研究実行委員会」が作られ、調査、研究を進めることになった。同年八月には、「〝民話　さんぶたろう〟を知る」という、なぎ昔話語りの会の特別公演が開かれた。公演では、さんぶ太郎の語りと、今後の調査の方向などの講演が行われ、調査、研究に踏み出す第一歩となった。

今日までの調査、研究のなかで特筆すべきことは、さんぶたろうの伝説地と記念物を現地に行って直接見て調べる、それも悉皆調査を行ったことである。一年以上かけて、六十か所以上の現地に行き、調査した。直接見て、触れて、聞くということで、参加者は、さんぶたろうの姿に近づけたと確信している。その成果は、本書に詳しく報告されている。

また、民話さんぶたろうに大きな影響を与えたと考えられる『三穂太郎記』について、その中に記されている和歌に着目、『白玉拾』との関係を明らかにされた、京都光華女子大学、元学長三村晃功先生の論考も収載できたことは、この上ない喜びである。

二年間という短期間の調査・研究だったが、今回その成果を報告できることになった。不十分な点は多くあるが、さんぶたろうの調査、研究の第一段階だとして、多くのご意見をいただきたい。

さんぶ太郎は、横仙歌舞伎と並んで、奈義町の大切な文化財である。町民の誇りでもある。

今後、この成果を、もっと分かりやすい形で子どもたちに伝えていくこと、町興こしに活かしていくことなど、多くの課題があるといえる。そのための出発地点ができたのだ。

今回の出版にあたり、調査や資料提供など多くの方々がご協力下さりありがとうございました。また、表紙絵を描いて下さった奈義町出身の岸本聖史氏と出版して下さった吉備人出版に感謝いたします。

立石　憲利

二〇一七年二月四日

【著者紹介】

立石憲利《たていしのりとし》（総社市）
民俗学者、全国有数の民話調査者。岡山県津山市（旧久米町）生まれ。岡山民俗学会名誉理事長、日本民話の会会長、岡山県語りのネットワーク会長。２００４年久留島武彦文化賞、２００７年岡山県文化賞、山陽新聞賞を受賞。「岡山の伝説」など２００を超える著書を発表している。各地で調査、講演、語りを続けている。

三村晃功《みむらてるのり》（京都府宇治市）
「三穂太郎記」の形成
日本の国文学者、京都光華女子大学名誉教授。専攻・日本中世文学（室町時代の和歌）。岡山県高梁市生まれ。１９６３年岡山大学法文学部文学科卒。65年大阪大学大学院文学研究科修士課程修了。94年「中世類題集の研究」で阪大文学博士。花園大学助教授、京都光華女子大学教授、学長、２０１１年退任、名誉教授。２０１６年春、瑞宝中綬章受勲。

高森　望《たかもりのぞみ》（岡山市）
「さんぶ太郎」の家系
奈義町出身。２００７年まで岡山大学大学院に在学中に「さんぶたろう」をテーマに研究を行った。

松村　謙《まつむらけん》（津山市）
さんぶたろうは何者か？　さんぶたろうこぼれ話
民話さんぶたろう研究実行委員会
日本図書館協会認定司書第一〇七〇号
奈義町教育委員会生涯学習課

寺坂信也《てらさかしんや》（奈義町）
さんぶたろうの史跡を巡る
民話さんぶたろう研究実行委員会
奈義町教育委員会生涯学習課

【民話さんぶたろう研究実行委員会】

委員長	甲田勝資	奈義町教育委員会教育長
副委員長	入澤知子	なぎ昔話語りの会　代表
副委員長	小童谷誠	奈義町教育委員会教育次長
委　員	奥村　功	奈義町文化財保護委員会委員長
	築山俊彦	奈義町文化財保護委員会副委員長
	安藤豊美	なぎ昔話語りの会
	高村　漸	なぎ昔話語りの会
	平賀朱巳	なぎ昔話語りの会
	岸本和明	奈義町教育委員会生涯学習課長
	松村　謙	奈義町教育委員会
	寺坂信也	奈義町教育委員会
監　修	立石憲利	

【史跡めぐり案内、資料・情報提供などでお世話になった方】（五十音順）

浅野克己（奈義町）　休石の案内　郷土史家
今木義法（奈良県生駒市）　生駒市文化財保護審議会会長・情報提供
白岩憲二（美作市）　郷土史家・情報提供
入澤　實（奈義町）　写真提供（史跡・奈義の野鳥）
上高　進（津山市）　情報提供
江見健治（美作市）　宗掛の足跡池の案内
江見弘一（美作市）　四谷のべんとう石の案内
川村光範（勝央町）　十王堂　吉田の油地蔵の案内
勝央町東吉田「浄土宗東光寺」住職
河野通仁（鳥取県智頭町）　にゃくいちさん・河野神社宮司
小林　正（美作市）　海田川のべんとう石の案内
新免欣造（美作市）　永谷の石の案内
鈴木修司（奈義町）　三穂神社　郷土史家
鷹取榮士（奈義町）　情報提供
高村　漸（奈義町）　写真提供（史跡・グラビア）
茅野弘文（岡山市）　三穂太郎記の翻訳記録
寺元弘一（美作市）　木田谷の足あとの案内
土居能明（奈義町）　愛宕山の案内
野々上正弘（奈義町）　アトダ　細田の石の案内
林田増美（美咲町）　弁慶の足跡の案内
旦　宏行（美作市）　余野の弁当石の案内
平山明子（津山市）　オチイシの案内
福井　正（美咲町）　南和気郷土館館長・情報提供
前原　要（奈義町）　関本地区長・情報提供
前原時夫（勝央町）　三穂太郎屋敷跡の案内
丸尾久重（津山市）　池ケ原の足跡
光岡治生（奈義町）　安祥寺元住職　皆木保綱の肖像
皆木佽耿（広島県東広島市）　郷土史家　資料提供
皆木早生（奈義町）　皆木保實の墓の案内
和田固士（美作市）　海田川のべんとう石の案内

今も生きている巨人　伝説さんぶたろう

２０１７年３月19日　発行

編著　民話さんぶたろう研究実行委員会
監修　立石憲利
発行　奈義町教育委員会
発売　吉備人出版
〒７００－０８２３　岡山市北区丸の内２丁目11－22
電話　０８６－２３５－３４５６
ファクス　０８６－２３４－３２１０
ＷＥＢサイト　http://www.kibito.co.jp
Ｅメール　books@kibito.co.jp
印刷　サンコー印刷株式会社
製本　日宝綜合製本株式会社

ISBN978-4-86069-505-7 C0039